Eveline Walch

NICHTS BLEIBT WIE ES IST
ICH HABE DEN TSUNAMI ÜBERLEBT

novum pro

www.novumverlag.com

Bibliografische Information
der Deutschen Nationalbibliothek:

Die Deutsche Nationalbibliothek
verzeichnet diese Publikation in
der Deutschen Nationalbibliografie.
Detaillierte bibliografische Daten
sind im Internet über
http://www.d-nb.de abrufbar.

Alle Rechte der Verbreitung,
auch durch Film, Funk und Fernsehen,
fotomechanische Wiedergabe,
Tonträger, elektronische Datenträger
und auszugsweisen Nachdruck,
sind vorbehalten.

© 2021 novum Verlag
ISBN 978-3-99107-501-1
Lektorat: Mag. Kartine Hütterer
Umschlagfoto:
Suwit Gamolgrang | Dreamstime.com
Umschlaggestaltung, Layout & Satz:
novum Verlag
Innenabbildungen: Eveline Walch

Die von der Autorin zur Verfügung
gestellten Abbildungen wurden in der
bestmöglichen Qualität gedruckt.

Gedruckt in der Europäischen Union
auf umweltfreundlichem, chlor- und
säurefrei gebleichtem Papier.

www.novumverlag.com

Einleitung

Wie schon viele Male zuvor, verbringe ich ein paar wundervolle Tage im Kiental, im Berner Oberland. Ich genieße die Ruhe hier sehr und auch die täglichen langen Spaziergänge mit meinem Hund Alina.

Ich mache meine Runde und komme dabei an einen wunderschönen Ort: Eine Brücke, unter der ein ruhiger Bergbach in Richtung Tal fließt.

Riesig große Steine liegen neben dem Bach und auch im Bachbett. Die meisten Steine habe ich hier schon öfters bewundert. Doch diesmal ist alles anders, denn vor etwa zwei Wochen sammelte sich sehr viel Wasser in den Bergen, vom verfrühten Schneefall und den tagelangen Regenfällen. Nichts ist dort mehr, wie es vorher gewesen war. Ich sehe viele mächtige Steine, die das Wasser mitgeschwemmt hat, und große starke Bäume, die entwurzelt im und über dem Bergbach liegen.

Schon faszinierend, dass ein so großer Baum mit seinen kräftigen Wurzeln dem Wasser nicht Stand halten konnte. Auch das Bachbett ist um einiges breiter geworden. Man sieht auf beiden Seiten, wie viel Masse an Erde, Bäumen und Steinen das Wasser mitgerissen hat.

Nichts bleibt, wie es ist!

Ein Stück weiter unten talwärts, ganz in der Nähe des Campingplatzes, der sich zum Glück etwas erhöht befindet, sodass das Wasser ihn nicht erreichen konnte, sieht man das Ausmaß des Hochwassers noch besser. Eine kleine Brücke, die zu einem alten, noch teilweise benutzten Haus führte, ist von der Mitte an weggespült worden, sodass man das andere Ufer nicht mehr er-

reichen kann. Das Haus auf der anderen Seite wurde so beschädigt, dass es nicht mehr betreten werden darf. Der Untergrund des Hauses wurde fast zu einem Drittel weggespült, wodurch das Haus nun keine Stabilität mehr hat.
Die Scheune wurde völlig vom Wasser mitgerissen. Beim Spaziergang an diesem nun so veränderten Bergbach, habe ich nur noch das Dach der Scheune gefunden. So viel Holz und Sand vermischen sich nun mit Unmengen von Steinen.
Nichts bleibt, wie es ist!

Ich denke über mein Leben nach und mir fällt plötzlich auf, dass es eigentlich wie dieser Bergbach ist: Die vielen Erfahrungen, Erlebnisse und Lebenssituationen, die sich immer wieder veränderten und sich neu bildeten. Ob dies nun eine Minute, eine Stunde, Wochen oder Jahre andauerte, blieb nichts, wie es war!

Vor der Reise nach Thailand

Wie ein Blitz kommt die Erkenntnis und mir wird klar, was der Tsunami im Dezember 2004 in Thailand, den ich miterlebt habe, mit mir gemacht hat. Und so wären wir bei meiner ganz persönlichen Geschichte angelangt. Die wuchtigen Wassermassen, die ganze Panik, die Katastrophe, die so viele Menschen getroffen hat, veränderten auch mein ganzes Leben, meine ganze Ansicht über die Welt, die Natur, meine Vergangenheit und noch vieles mehr.

Menschen, die so etwas noch nicht selbst erlebt haben, können diese Veränderungen, die ich durchgemacht habe, gar nicht nachvollziehen. Das verstehe ich total, weil es mir ja vor diesem Erlebnis nicht anders ging.

Mein Umfeld, sowie auch Menschen, die erfahren haben, dass ich an diesem sechsundzwanzigsten Dezember 2004 um neun Uhr fünfundvierzig, als das Wasser kam, in Phuket am Strand von Phatong stand, möchten immer, dass ich genau erzähle, was dort passiert ist.

Am sechsundzwanzigsten Dezember 2019 ist dieses Ereignis fünfzehn Jahre her und ich merke, dass das ganze Erlebnis immer noch stark mit meinen Gefühlen verbunden ist. Aber es ist mir mehr und mehr möglich, davon zu erzählen.

Ja, vor fünfzehn Jahren sah mein Leben noch anders aus, es war gut so, wie es war und ich war auch damit glücklich, dachte ich.

In meinem Kopf hatte ich schon lange den Gedanken und den Wunsch, ein Buch darüber zu schreiben, um anderen Menschen meine Geschichte, meine Gedanken und Gefühle zu erzählen. Mein Anliegen ist es, damit so vielen Menschen wie möglich, die in einer schweren Lebenskrise stecken, Mut zu machen.

Gebt nicht auf, denn es gibt für jedes Problem eine Lösung. Denkt nicht in Problemen, sondern in Lösungen. Ihr werdet staunen, was alles möglich ist, wenn man mit dem ganzen Herzen bei der Sache ist.

Reise nach Thailand

Etwa im Juni 2004 buchten mein gehörloser Lebenspartner Rudolf und ich diese Reise nach Thailand, für vier Wochen im Dezember, in unserem Reisebüro in Vaduz. Schon im Jahr davor waren wir über Weihnachten vier Wochen in Thailand, in Phuket am Phatong Beach, gewesen. Es hatte uns so gut gefallen und wir hatten uns so super erholt, dass wir entschieden hatten, auch dieses Jahr dem Winter für vier Wochen zu entfliehen und lieber wieder die Wärme in Thailand am Meer zu genießen.

Ich hatte im September 2004 eine neue Stelle angetreten. Meinem neuen Chef erzählte ich schon bei meinem Vorstellungsgespräch von meiner gebuchten Reise, und er sah kein Problem, warum ich diese nicht machen sollte. Ja, das waren super Voraussetzungen für meine neue Arbeit mit einem verständnisvollen Chef. Ich hatte einen guten Start und arbeitete voller Elan – auch mit der Vorfreude auf den gebuchten Thailand-Urlaub.

Was ich damals nicht wusste, war, dass genau dieser Urlaub mein ganzes Leben verändern und bei meiner Rückkehr nach Hause nichts mehr so sein würde wie zuvor.

Wenn ich jetzt im Nachhinein darüber nachdenke, waren da schon die einen und anderen seltsamen Gedanken und Gefühle, denen ich damals jedoch keine große Bedeutung beigemessen habe. Ich hatte schon verschiedene Reisen hinter mir, aber diesmal war irgendwie alles anders. Die Gefühle für die Reise waren mit Freude, ganz klar, aber auch mit einem ungewöhnlichen Kribbeln verbunden. Ich hatte es nicht verstanden und einordnen können, aber zur riesigen Vorfreude auf die Zeit in Thailand, kam auch ein Gefühl, das mir sagte: „Geh nicht, bleib lieber zuhause!"

„Geht's noch?", habe ich mich selbst gefragt, „Letztes Jahr war schließlich auch super und eigentlich freu' ich mich auch und kann's nicht erwarten, bis ich meine Sachen gepackt habe und endlich zum Flughafen fahre. Den Koffer am Schalter abgebe, die Sitzplätze reserviere und mein Ticket bekomme. Ich in den Flieger einsteige und es dann kaum erwarten kann, bis er endlich auf die Rollbahn fährt, zum Start ansetzt und mit einem Wahnsinns-Tempo vom Boden abhebt." Ich versuchte also, mich zu beruhigen und mich auf die Vorfreude zu konzentrieren. Mein Ex-Mann hat uns schließlich zum Flughafen gefahren und die ganze Zeit über musste ich weinen. Auch als wir im Flughafen unsere Koffer am Schalter aufgaben, weinte ich. Während wir die Rolltreppe hinabfuhren, um zum Gate zu kommen, sagte meine Intuition: „Kehr um, kehr um, kehr um!"

Ich war so verwirrt, denn ich konnte mir das Weinen und das Gefühl, dieses „Kehr um", nicht erklären, weil ich das bei all meinen Reisen, die ich davor gemacht hatte, nie so erlebt hatte.

Wir flogen nach Bangkok und ich verdrängte die Stimme meiner Intuition. Anschließend flogen wir nach Chang May weiter. Das ist ziemlich im Norden von Thailand. Dort besuchten wir einen guten Freund von mir, der dorthin ausgewandert war und jetzt mit einer Thailänderin verheiratet war. Wir verbrachten eine wunderschöne Zeit bei ihm und seiner Frau, etwa eine Woche lang. Wir besichtigten verschiedene Sehenswürdigkeiten und waren drei Tage mit dem Motorrad unterwegs. Wir fuhren bis an die Grenze zu Burma und sahen uns dort das Dorf der Langhals- und Langohrfrauen an. Ja, es war sehr interessant, einen Einblick in die Kultur dieser Menschen und wie sie so leben, zu bekommen.

Reise von Chang May nach Phuket

Nach dieser Woche flogen wir von Chang May nach Phuket. Als ich so im Flugzeug saß und vom Fenster hinunterschaute, kam in mir plötzlich ein Gefühl hoch, dass mir sagte, dass ich von diesen Ferien nicht mehr heimkommen würde. Ich erschrak darüber und mein erster Gedanke war, dass das Flugzeug abstürzen könnte. Ich verdrängte dieses Gefühl, so gut ich konnte und freute mich nur noch auf das Meer, die Wärme und das gute Essen. Als wir in Phuket landeten, fühlte ich mich ruhiger und nicht mehr ganz so unsicher.

Wir fuhren mit dem Taxi nach Phatong, in dasselbe Hotel, in dem wir schon im Jahr davor gewesen waren, und meldeten uns bei der Rezeption an. Der Ausblick auf das Meer war wunderbar, denn unser Hotel war nur durch eine Straße vom Strand getrennt. Unser Zimmer war in diesem Jahr auf der anderen Seite des Gebäudes, im Parterre. Wir hatten einen schönen Sitzplatz und nur ein paar Schritte zum Pool. Es war einfach genial und wir fühlten uns sofort wohl. Kaum die Koffer ausgepackt, machten wir uns auf den Weg, um ein kleines Motorrad für die drei Wochen, die wir hier waren, zu mieten. Dadurch waren wir ungebunden und konnten so jeden Tag an einen anderen schönen Strand fahren, um dort einen herrlichen Tag zu genießen. Der Phatong Beach vor unserer Haustür war zwar schön zum Laufen, aber zum Baden war das Wasser nicht so sauber wie an anderen Stränden. Das Wasser rund um den Strand wurde von den vielen Booten und Schiffen, die sich dort tummelten, verschmutzt. Darum wollten wir mobil sein.

Nach einem feinen Frühstück im Hotel, verbrachten wir den ersten Tag an einem wunderschönen langen Sandstrand. Es war wie im Paradies, der schöne weiße Strand, das blaue und doch durchsichtige Meer und die Sonne, die uns so guttat. Am Rande des Strandes war ein kleines Restaurant, wo wir schon von weitem einen Mann sahen, der einladend mit einem Tuch winkte. Als wir Hunger bekamen, gingen wir dort hin und aßen eine

Kleinigkeit. Wir erlebten eine freudige Überraschung, denn die Belegschaft erkannte uns vom letzten Jahr, als wir hier gewesen waren, wieder. Als wir bezahlten, warfen wir noch ein paar Münzen in eine Dose für Trinkgeld, die an einem Pfosten befestigt war. Kaum hatten die Angestellten das Klimpern gehört, riefen alle: „Happy Thailand", und alle Leute im Restaurant lachten. Das wiederholte sich jedes Mal, wenn wir dort waren, und wann immer uns dies heute noch in den Sinn kommt, müssen wir schmunzeln.

Als wir genug Sonne getankt hatten, fuhren Rudolf und ich mit unserem Motorrad zurück ins Hotel. Wir gingen duschen und umziehen, dann liefen wir durch die Straßen, an vielen Bars und Geschäften vorbei und schauten, was es Neues gab. Nach einem guten Abendessen setzten wir uns an eine spezielle Bar und tranken etwas. Speziell war besagte Bar darum, weil dort viele Lady Boys, die in Thailand „Kathoey" oder „das dritte Geschlecht" genannt werden, anwesend waren und auch auf der Bühne tanzten.

Auch den zweiten Tag unseres Aufenthalts erlebten wir wieder an einem wunderschönen Strand. Als ich am Abend unter der Dusche stand, fielen mir große rote Flecken am Bauch und an den Oberschenkeln auf. Ein starker Juckreiz plagte mich und ich musste mich zusammenreißen, dass ich mich nicht blutig kratzte. Ich beschloss, am nächsten Tag einen Arzt aufzusuchen, falls es nicht besser wäre. Außerdem wollte ich wissen, woher diese roten Flecken kamen. Ich war schon öfters am Meer gewesen, aber so eine Hautreaktion hatte ich noch nie gehabt. Der folgende Tag war der vierundzwanzigste Dezember, also Weihnachten, und ich suchte einen Arzt ganz in der Nähe des Hotels auf. Nach kurzer Wartezeit begutachtete er meine Flecken am Körper, gab mir eine Salbe und Tabletten und erklärte mir, dass ganz kleine Quallen im Meer diese Hautreizungen verursacht hatten. Er empfahl mir, die nächsten beiden Tage nicht ins Wasser und auch nicht in die Sonne zu gehen.

Am Heiligen Abend gingen wir in ein besonderes Restaurant, wo wir einen Fisch im Wasserbecken aussuchten, der uns dann fein gegrillt serviert wurde. Eine große Schale Dessert durfte anschließend nicht fehlen. Obwohl in Thailand der Buddhismus die dominierende Religion ist, wurde natürlich auf uns Touristen Rücksicht genommen und für eine weihnachtliche Stimmung gesorgt. Fast alle Leute, die mit uns speisten, trugen eine – manchmal sogar blinkende – Weihnachtsmütze und auch das Restaurant war weihnachtlich geschmückt.

Am nächsten Tag verbrachten wir unsere Zeit an einem kleinen Strand mit vielen Bäumen und es fiel mir sehr schwer, nicht in die Sonne und nicht ins Wasser zu gehen. Doch ich dachte mir: „Tja, das geht auch vorbei", und freute mich darauf, am sechsundzwanzigsten Dezember endlich wieder das Meer zu genießen zu dürfen.

Am Abend des fünfundzwanzigsten Dezember waren wir mit unserer Bekannten Sabine und ihrer Familie gemeinsam essen. Sie waren zur gleichen Zeit wie wir hier auf Urlaub, allerdings in einem anderen Hotel und an einem anderen Strand. Jolanda und ihre Familie wollten am nächsten Morgen zum Tauchen mit dem Schiff rausfahren und fragten uns, ob wir nicht Lust hätten, mitzukommen. Wir hatten allerdings schon im Vorjahr eine Ausfahrt mit dem Schiff gemacht, darum lehnten wir ab.

26. Dezember 2004 –
Der Tag der mein Leben veränderte

Am sechsundzwanzigsten Dezember erwachte ich am Morgen etwa um acht Uhr, weil mein Partner mich weckte. Er war wach geworden, da er so etwas wie ein Rumpeln gespürt hatte. Zuerst dachte er, dass ich im Schlaf mit dem Fuß geklopft hatte. Als er merkte, dass ich regungslos schlief, vermutete er, es könnte ein Beben gewesen sein und weckte mich. Als ich meine Augen öffnete, kam soeben das zweite Beben. Alles bewegte sich und wurde durchgerüttelt. Ich fand das zuerst amüsant, denn es war das erste Beben, das ich bewusst erlebte. Rudolf sagte noch: „Hoffentlich ist es kein Seebeben!" Wir standen dann auch gleich auf, zogen uns an und waren etwa um neun Uhr beim Frühstück. Wie immer hatte ich meine Umhängetasche mit meinen Zigaretten dabei. Wir setzten uns an einen Tisch und freuten uns auf das leckere Hotel-Frühstück, das wir jeden Morgen sehr genossen. Ich holte mir einen Kaffee und setzte mich wieder. Normalerweise rauche ich immer eine Zigarette zum ersten Kaffee, doch an diesem Morgen nicht, es war einfach alles anders. Auf einmal merkte ich, dass viele Leute sehr aufgebracht waren und auch viele Menschen am Strand standen. Die Leute riefen durcheinander und ich glaubte, dass jemand gerufen hätte, dass riesige Quallen im Wasser wären. Wir standen auf und gingen auch an den Strand, der ja durch eine Straße vom Hotel getrennt war, um zu schauen, was da los war.

Es war alles so seltsam. Schon die Tatsache, dass heute keine Katzen beim Frühstück gewesen waren, war anders als sonst. Und jetzt, hier am Strand: Die Hälfte davon war überschwemmt und Liegestühle schwammen im Wasser. Ich schaute meinen Partner an und sagte zu ihm, dass die Schiffe in der Bucht schnell näherzukommen schienen. Das Ganze spielte sich innerhalb von ein paar Sekunden ab, obwohl ich das Gefühl hatte, dass die Zeit stehen blieb. Auf einmal sah ich, wie eine Wand aus Wasser auf uns zukam. Ich war wie erstarrt und konnte mich nicht bewegen. Zum Glück zog mich Rudolf am Arm und schrie: „Lauf!" Ich drehte mich um und rannte ihm nach. Auch zu anderen Leuten schrie er: „Lauf!", aber die meisten Leute reagierten in diesem Moment nicht, da sie ja nicht wussten, warum sie weglaufen sollten. Schließlich fanden wir uns dann doch in einer rennenden Menge von Menschen wieder. Ich sah nur noch meinen Partner vor mir laufen, hinter mir hörte ich die panischen Menschen, ihre Schreie und dass jeder nur noch wegwollte. Da waren auch Flüchtende, die an mir zogen und schrien. Hinter uns hörte ich, wie das Wasser an die Häuser klatschte und alles, was im Weg stand, mitriss. Momente voller Panik, die mir wie eine Ewigkeit vorkamen. Auf einmal standen wir auf der anderen Seite beim Hotel, oberhalb vom Pool, auf der Treppe. Aber wir wussten nicht, wie wir dahin gekommen waren. Es war, als hätte unser ganzes Wesen auf Stand-by geschaltet, und nur noch der Körper reagierte. Das Wasser aus dem Meer reichte jetzt fast bis zum Pool, überall war Blut und Menschen, die verletzt waren und weinten. Man sah in den Gesichtern die Panik und die Hilflosigkeit. Eine Frau lag im Wasser und schrie. Mein Partner reagierte sofort und holte sie aus dem Wasser. Ich konnte gar nicht richtig verstehen, was da vor unseren Augen passierte, wie viele andere um uns herum auch. Ich setzte mich auf die Treppe, schaute Rudolf zu, wie er diese Frau aus dem Wasser holte, hörte die Menschen, die weinten und verletzt waren. Ich saß da, war wie in einer anderen Welt, und die Tränen liefen mir übers Gesicht. Noch nie in meinem Leben hatte ich mich so hilflos gefühlt.

Mein Partner meinte, wir müssten hier so schnell wie möglich weg. Wir rannten in unser Zimmer, um das Wichtigste wie den Schlüssel von unserem Motorrad, die Handys, unsere Geldtasche und meine Zigaretten zu holen. In unserem Zimmer stand auch schon das Wasser am Boden. Es war wie in einem schlechten Film. Ich beeilte mich und nahm noch unsere Koffer und legte sie aufs Bett. Unser Motorrad stand hinter dem Hotel auf dem Parkplatz. Wir saßen auf und wollten schnell weg, aber das war nicht mehr möglich, weil sich das Wasser über die Straßen nach hinten drückte und unser Parkplatz in Sekunden überschwemmt war. Wir kämpften uns durch diese dreckige, wilde Brühe von Wasser. Alles Mögliche schwamm darin, wie Stühle, Tische, Mofas und noch vieles mehr. Wir mussten sehr gut aufpassen, um nicht von diesen Sachen getroffen zu werden. Wir kletterten über einen Zaun und dann hatte ich wieder einen Blackout. Auf einmal waren wir auf einer Straße und liefen um unser Leben.

Wie wir dort hinkamen, wissen wir heute beide nicht mehr. Menschen saßen in einem Café und wir schrien ihnen laut zu: „Lauft!" Die Leute, die dort gemütlich ihren Kaffee genossen haben, hatten ja keine Ahnung, wovor wir davonliefen. Wir befanden uns in einer Gruppe von Menschen, die rannte. Da kam ein großer Zaun, über den wir alle hinübermussten. Alle halfen sich gegenseitig. Es war eine riesige Panik auf der Straße. Autos, Mofas und Leute, die um ihr Leben rannten. Alle versuchten, einen Weg aus dem ganzen Chaos zu finden. Ein Laster, auf dessen Ladefläche hinten schon viele Leute standen, nahm uns dann mit. Wir dachten schon, dass wir in Sicherheit wären und konnten kurz durchatmen. Leider kamen wir mit dem Fahrzeug nicht weit, denn die Straße, die hinauf zur Anhöhe führte, war gesperrt, weil das Wasser auch bis dorthin reichte. Der Laster konnte in dem ganzen Gewühl nicht umkehren. Wir mussten absteigen und liefen zurück zu einer Straße, die auch auf eine kleine Anhöhe führte. Wir schwitzten wie verrückt und kamen gar nicht aus der Panik heraus. Wir sprangen mit unserer letzten Kraft den Hügel rauf und wir hofften, aus der Gefahr zu sein. Meine Füße glühten, denn ich hatte mir an der Fußsohle Schnitte zugefügt und das Laufen auf dem heißen Teer war fast nicht auszuhalten.

Es war gegen elf Uhr, viele Menschen saßen auf diesem Hügel, der Schock stand allen ins Gesicht geschrieben. Die Stimmung war richtig unheimlich, denn es schien, als ob die Zeit stehengeblieben war. Auch ich fühlte, dass ich den Atem anhielt und in dieser Position verharrte. Es war heiß und unsere Füße schmerzten. Rudolf hatte eine riesige Beule am Bein. Keine Ahnung, woher, vielleicht war es passiert, als er der verletzten Frau aus dem Wasser geholfen hatte. Meine Fußsohlen waren zerschnitten und jeder Schritt schmerzte höllisch. Wir hörten viele Sirenen schrillen und auch Hubschrauber, die am Himmel kreisten. Ich dachte mir, dass es sich so wahrscheinlich im Krieg anfühlen musste.

In meinem Kopf klopfte es, mir war schwindelig und schlecht. Ich versuchte, einen klaren Gedanken zu fassen, aber es war mir unmöglich. Ich war so im Schockzustand, dass ich mich auch mit Rudolf nicht unterhalten konnte.

Menschen, die dort oben auf der Anhöhe wohnten, wo wir gestrandet waren, brachten uns und den anderen Leuten etwas zu essen und zu trinken. Ans Essen konnte ich nicht denken. Wir wussten gar nicht richtig, was eigentlich passiert war. Nach langem Probieren war die Handy-Leitung zwischendurch frei und ich konnte meinen Freund anrufen, bei dem wir die Woche in Chang May verbracht hatten. Er hatte die TV-Nachrichten gesehen und konnte uns genau erklären, was da passiert war. Ein gewaltiges Erdbeben im Indischen Ozean hatte eine Kaskade von Flutwellen ausgelöst. Ein Tsunami rollte über Thailand hinweg!

Wir konnten es kaum glauben und waren starr vor Schreck. Zu diesem Zeitpunkt wussten wir noch nicht, wie es weiter gehen würde und was noch auf uns zukommen sollte.

Ich dachte dann sofort an meine Eltern. Ich wollte sie anrufen, um ihnen zu sagen, dass es uns gut ging. Sie würden sich sonst Sorgen machen, sobald sie die Nachrichten sehen oder hören würden. Ich wählte die Nummer, mein Vater nahm ganz verschlafen den Hörer ab und murmelte, dass es noch in der Nacht sei. Ich sagte ihm, er solle den Fernseher einschalten und dass es uns gut gehe. Dann war die Verbindung auch schon wieder unterbrochen.

Als nächstes fielen mir Jolanda und ihre Familie ein, die ja auch gerade Ferien in Phuket machten und die für heute eine Schifffahrt auf dem Meer gebucht hatten. Ich versuchte, sie zu erreichen, hatte aber leider keinen Empfang mit meinem Handy. Einheimische borgten mir ihr Handy, aber auch mit diesem konnte ich unsere Freunde nicht erreichen. Mir war sehr mulmig im Magen und ich hoffte, dass ihnen nichts passiert war. Wir haben dann später erfahren, dass diejenigen die auf dem Meer draußen gewesen waren, von dem ganzen Unglück fast nichts mitbekommen hatten. Zum Glück war ihnen nichts passiert und erst, als sie zurück an den Strand kamen, bemerkten sie, was geschehen war.

Wir schauten auf die Bucht hinunter und der Anblick war mehr als seltsam: Die gesamte Bucht war ohne Wasser.

Ich kam mir vor, wie in einem Alptraum, der nicht endet. Es fühlte sich an, als ob die Zeit stehengeblieben wäre: Einfach den Atem anhalten und warten, was passiert. Auf einmal fuhr ein Auto durch die Straßen mit einem Lautsprecher. Die Durchsage war auf Thailändisch und gab bekannt, dass sich das Wasser so weit zurückgezogen hätte, dass man eine große Welle von etwa dreißig Metern erwarten würde, um etwa vierzehn Uhr. Die Einheimischen hatten uns die Informationen auf Englisch übersetzt. Somit waren wir hier auf dem Hügel auch nicht mehr sicher.

Die Panik nahm vorläufig kein Ende und mir stockte immer wieder der Atem. Jetzt hieß es abwarten und schauen, was passieren würde. Hoffentlich kam diese riesige Welle nicht! Wir hatten Durst und liefen Getränke suchend auf dem Hügel herum. Das kleine Geschäft auf der Anhöhe hatte kein Wasser mehr. Alles war ausverkauft. Leute, die dort oben ein kleines Häuschen hatten, gaben uns schließlich etwas Wasser. Wir liefen weiter auf dem Hügel rum und die Zeit verging nicht. Die Gedanken waren nur bei dieser Welle, von der sie erzählt hatten. Wieder abwarten. Wie Schlafwandeln kam mir das vor. Dann war es vierzehn Uhr und zum Glück passierte nichts.

Dann fuhr wieder das Auto mit dem Lautsprecher durch die Straße und meldete, dass die Welle nun voraussichtlich um achtzehn Uhr kommen würde. Wieder diese Unruhe, dieses Abwarten. Doch auch diese Welle kam nicht. Puh, tiefe Erleichterung machte sich in mir breit.

Dann kam das Durchsage-Auto noch mal und meldete, dass die Welle um etwa halb zwölf Uhr nachts kommen sollte. Wieder abwarten und hoffen, dass auch diese nicht kommen würde. Ich konnte keinen klaren Gedanken fassen und alles war wie in einem Film, den man in Zeitlupe ablaufen ließ. Ich dachte an all die Menschen zuhause, die ich kannte und die ich vielleicht nie mehr wiedersehen würde.

Erneut liefen wir auf dem Hügel umher. Leute, die dort wohnten und ein Häuschen hatten, winkten uns zu, dass wir zu ihnen kommen sollten.

Das war eine unverhoffte Gastfreundschaft mit so viel Verständnis. Wir bekamen zu trinken und mein Partner aß auch eine Kleinigkeit. Unsere Gastgeber hatten gesehen, dass Rudolfs Schuhe völlig kaputt waren. Er bekam dann von ihnen ein Paar intakte Schuhe geschenkt. Es war wirklich berührend. Gerade in so einer Extremsituation tut es doppelt gut, wenn man Leute trifft, die sich um einen kümmern.

Mein Partner hatte auch kurz darüber nachgedacht, runter zum Hotel zu gehen, um unsere Sachen zu holen. Nur bei dem Gedanken, da runterzugehen, zog sich alles in mir zusammen. Rudolf wollte dann allein gehen, aber das ließ ich nicht zu. Ich sagte zu ihm, dass wir damit rechnen müssten, dass unsere Sachen, die wir im Zimmer zurückgelassen hatten und natürlich unsere Dokumente wie Reisepass, Reisepapiere und Geld, die im Tresor des Hotels waren, nicht mehr da sein würden. Ich wusste schließlich, dass Thailand auch ein korruptes Land war. Doch wenn man dem Tod so nah ist und ums eigene Leben fürchtet, hat alles andere plötzlich kein Gewicht mehr. So liefen wir wieder auf dieser Anhöhe herum, ohne Plan. Einfach laufen und sich, so gut es ging, ablenken. Da läutete mein Handy und meine Tochter war dran. Ich kann das Gefühl nicht beschreiben, wie es ist, in so einer Situation eine so vertraute Stimme zu hören. Ich werde das Gefühl von diesem Moment niemals vergessen. Wir sprachen kurz miteinander, bevor der Kontakt wieder abbrach. Man kann es nicht in Worte fassen, was in einem vorgeht, wenn man die geliebte Person am Telefon hört, ohne zu wissen, ob man sich je wiedersehen wird. Ich konnte nicht mehr sprechen, sondern weinte einfach nur und konnte gar nicht mehr aufhören.

Dann kam etwa um Mitternacht das Auto mit dem Lautsprecher wieder und es wurde durchgesagt, dass die vorausgesagte Welle nun auch nicht kommen würde. Sie rechneten mit einer großen Welle so um acht Uhr morgens. Erleichterung machte sich breit und die Hoffnung, dass auch diese vorausgesagte Welle nicht kommen würde.

Kurze Zeit später kamen wir an einem Hotel vorbei und die Leute winkten uns zu, wir sollten zu ihnen kommen, sie hätten zu trinken und zu essen für uns. Ich werde diesen Anblick nie vergessen. Ein paar von ihnen saßen um ein Feuer und überall lagen Menschen zusammengekauert und versuchten, sich auszuruhen und zu schlafen. Wir setzten uns dazu und der Hotel-Chef kam mit einer Flasche Whisky und ein paar Gläsern. Er schenkte allen ein und meinte, wir sollten etwas zur Beruhigung trinken. Obwohl ich selten Alkohol trinke, trank ich drei Gläser und war beschwipst. Nachdem draußen schon überall Menschen lagen und kein Platz mehr war, bot er uns an, eine Matratze in sein Büro zu legen, damit wir uns ausruhen konnten. Es war schon gegen halb drei Uhr nachts und wir nahmen das Angebot sehr gerne an. Ein bisschen ausruhen tut uns sicher gut, dachten wir. Durch die ständige psychische Belastung und den Druck, die Hitze, die körperliche Anstrengung und den Whisky, schliefen wir tatsächlich für ein paar Stunden ein.

27. Dezember 2004

Am nächsten Morgen, etwa um halb acht Uhr, gab es Entwarnung und das bedeutete, dass wir zurück zu unserem Hotel gehen konnten, um unsere Sachen zu holen. Der Chef des Hotels, in dem wir übernachtet hatten, nahm uns und noch viele andere Menschen auf der Ladefläche seines Trucks mit. Ein mulmiges Gefühl breitete sich in meinem Körper aus, je näher wir unserem eigentlichen Hotel kamen. Wir bedankten uns freundlich für alles und stiegen, ein paar Straßen von unserer Unterkunft entfernt, aus dem Truck aus.

Wir gingen auf der Straße, die eigentlich gar keine mehr war, weil sich durch die Wucht des Wassers der ganze Teer gelöst hatte. Überall in den zerfallenen Gebäuden rund um uns sahen wir kaputte Autos stecken. Ein Boot lag einige Meter vom Meer weg auf der Straße. Ein Jeep war auf dem Dach eines Gebäudes gelandet. Mofas und Kleidung lagen verstreut herum. Ich konnte gar nicht alles erkennen, was sich in diesem Durcheinander befand. Neben unserem Hotel war ein Lokal namens KFC, wo man gut Huhn essen konnte. Die Räume waren etwas tiefer gelegt und aus diesem Grund nun völlig mit Wasser befüllt. Es gab an der Promenade mehrere Geschäfte, die tiefer gelegen waren. Die Menschen dort hatten keine Chance gehabt, zu entkommen. Wir versuchten, durch all die Trümmer rings um uns zu unserem Hotel zu gelangen.

Ich sah das zusammengefallene Gebäude, wo wir immer gefrühstückt hatten und sich auch die Toiletten befanden. Mir schoss es durch den Kopf, dass ich ja an dem Morgen zum Kaffee keine Zigarette geraucht hatte. Denn üblicherweise musste ich, nachdem ich am Morgen meinen Kaffee getrunken und meine Zigarette geraucht hatte, aufs WC. An diesem Morgen war, wie schon gesagt, alles anders gewesen. Ich hatte keine Zigarette geraucht, also musste ich nicht zur Toilette und das hatte mir wohl mein Leben gerettet. Dort, wo die WCs gestanden hatten, war das Gebäude völlig zerstört und in sich zusammengefallen.

Dann sahen wir auch schon die Rezeption des Hotels und, dass die Tresore dort alle aufgebrochen waren. Alle waren an der gleichen Ecke aufgerissen worden. Das hieß für uns, wie ich schon vermutet hatte, dass alle unsere Papiere wie die Reisepässe, die Reiseunterlagen, die Bankomatkarten und auch unser Geld, das wir dort deponiert hatten, weg war.

Wir kletterten über alles Mögliche, bis wir endlich zu unserem Zimmer kamen. Ich konnte einfach nicht mehr und schrie und weinte. Irgendwie denke ich im Nachhinein, dass in diesem Moment die Anspannung einfach herausmusste. Ich konnte nicht aufhören, zu weinen und die Tränen liefen in Strömen.

Dann schlossen wir unser Zimmer auf und sahen, dass auch hier das Wasser hineingekommen war. Ein Fisch lag im Zimmer und wir konnten uns nicht erklären, wie der da reingekommen war. Als wir unsere Sachen zusammenpackten, klopfte es an der Türe und eine Frau, die im Hotel arbeitete, schrie, wir sollten uns beeilen, denn sie glaubten, dass bald wieder eine Flutwelle mit Wasser kommen würde. Wieder total in Panik packten wir unsere Sachen ein, als es noch einmal klopfte. Wieder war die Frau draußen und schrie diesmal lauter und mit noch mehr Panik, wir sollten schnell, schnell gehen. In diesem Moment zog sich alles in mir zusammen und fühlte nichts mehr außer meinem Kopf, der fast mit meiner ganzen Energie gefüllt war. Man denkt sich oft, ich kann nicht mehr und trotzdem, in einer solchen energiegeladenen Situation, geht man weit über seine Grenzen hinaus.

Blick von unserem Zimmer nach draußen.

So beeilten wir uns, warfen alle Sachen in den Koffer und verließen das Hotel nach hinten hinaus, wo wir hofften, irgendein Taxi zu finden, das uns zum Flughafen bringen würde. Fast allein irrten wir auf der Straße umher und sahen tatsächlich ein Taxi, das dort stand. Erleichtert fragten wir dann den Taxifahrer nach dem Preis für die Fahrt zum Flughafen. Der Fahrer nutzte die Situation aus und verlangte einen irrsinnig hohen Preis. Mir war das in dem Moment völlig egal, denn ich wollte einfach nur so schnell wie möglich weg. Doch Rudolf ließ sich nicht auf das Angebot ein und der Taxifahrer fuhr weg. „Oh, nein!", dachte ich und drehte fast durch vor Angst, dass wir immer noch da wären, wenn eventuell das Wasser nochmal kommen würde. Da kam ein Tuk-Tuk-Fahrer daher. Diese dreirädrigen Fahrzeuge sind in Thailand sehr beliebt, es handelt sich um eine Art Mofa, das hinter dem Fahrersitz eine Kabine für die Fahrgäste hat. Der Fahrer machte uns einen respektablen Preis und wir stiegen ein. Die Fahrt kam mir so unendlich lange vor. Ich war sowas von erleichtert und mir liefen die Tränen über mein Gesicht, als wir von weitem den Flughafen sahen.

Wir betraten den Flughafen und waren mit so viel Elend konfrontiert, dass ich es gar nicht beschreiben kann. Die Menschen hockten überall am Boden. Viele weinten und schrien und suchten nach dem Rest ihrer Familie, den sie bis dahin nicht gefunden hatten. Ich sah die Menschen und spürte ihr Leid, ihr unglaublich tiefes Leid. Es kam so viel Trauer über mich, dass ich es fast nicht aushielt. Ich war so dankbar, dass ich Rudolf nicht verloren hatte. Wir wurden dann aufgefordert, mit dem Taxi nach Phuket Stadt zu fahren, dort würde man uns weiterhelfen. Wir teilten uns das Taxi mit Bernd. Er war auch aus der Schweiz und hatte den Tsunami durch das Hinaufklettern auf einen Baum überlebt. Es tat gut, mit jemandem zu sprechen, der Ähnliches erlebt hatte. Wir verbrachten die nächsten drei Tage zusammen mit Bernd.

Als wir in Phuket Stadt ankamen, sahen wir Massen an Menschen, die umherliefen, weinten und nach ihren Angehörigen schrien. Vor dem Gebäude des Lagers, zu dem man uns gebracht hatte, befand sich eine große Tafel, auf der Menschen, die ihre Angehörigen suchten, Nachrichten hinterlassen konnten. Es wurden von Minute zu Minute mehr Fotos und Ausschreibungen. In einem großen Raum mussten wir an einen Tisch, wo zwei Personen von der schweizerischen Botschaft auf uns warteten.

Wir sollten eine Verlustanzeige machen wegen unserer Pässe und auch ein neues Passfoto für unsere Ausreise. Rudolf war mit Bernd drinnen im Gebäude und Bernd half ihm, sich zurecht zu finden. Ich saß vor dem Gebäude auf meinem Koffer und schaute wie betäubt umher. Da waren plötzlich auch Leute mit Kameras aus Deutschland, die gefilmt hatten. Zwei meiner Bekannten hatten mich daher tatsächlich kurz im Fernsehen gesehen, wie ich später erfuhr. Als mein Partner und Bernd herauskamen, kümmerten sie sich um die Koffer und ich ging in das Gebäude. Ich fühlte mich wie eine Verbrecherin. Ich musste Fingerabdrücke abgeben und ein Passfoto machen, auf dem ich ernst und schockiert dreinschaute. Und damit war trotzdem noch nicht klar, ob wir ohne unsere echten Pässe und nur mit diesen provisorischen Unterlagen heimreisen konnten.

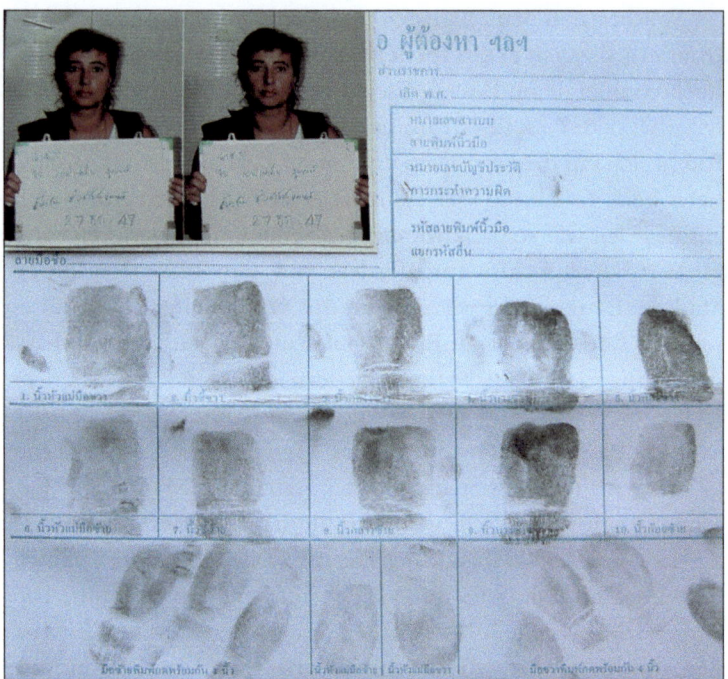

In dieser Situation dachte ich mir erneut, dass es sich so im Krieg anfühlen musste. Viele Menschen irrten umher, suchten Angehörige oder einfach nur Hilfe. Die Hubschrauber kreisten über uns. Sie luden Menschen aus und flogen wieder los, um weitere Menschen, die in Not waren, zu holen und brachten auch sie hierher nach Phuket Stadt.

Eine Frau kam auf mich zu, weinte und fragte mich, ob ich ihr helfen könne, denn sie sprach kein Englisch. Sie hätte ihren Mann tot gefunden und sie wisse nicht, wie sie ihn mit nach Hause nehmen könne. Ich suchte dann eine Person, die Deutsch sprach und ihr helfen konnte. In der Warteschlange stand eine junge Frau hinter mir, nur mit einem Bikini und einem Badetuch bekleidet. Sie hustete und bekam schlecht Luft. Sie erzählte mir, dass sie in einen Wasserstrudel gekommen war, ihren Freund noch nicht gefunden hätte und sie Sand in den Lungen hatte. Ein Mann suchte seinen

Sohn. Seine Frau und er standen vor der großen Anschlage Tafel, in der Hoffnung, ihren Sohn zu finden. Er schaute auf die Tafel, las einen Zettel nach dem anderen und ich sah seine Hoffnung immer mehr schwinden. Eine junge Frau hatte über dem ganzen Körper blaue Flecken und sie erzählte mir ihr Erlebtes. Viele verschiedene Fälle hatten wir mitbekommen und waren über jede Geschichte tief betroffen. Man kann sich nicht vorstellen, wie man sich fühlt, in so einer schwierigen Situation. Die vielen Menschen mit ihren eigenen Geschichten und alles hatte seinen Ursprung im Tsunami. So viel unendliches Leid hatte er gebracht, das zum Teil nicht mehr wiederhergestellt werden konnte.

Ich sah all die Menschen in diesem Lager und konnte kaum damit umgehen, mit so viel Leid und Tragödien. Überall standen Tische mit Wasserflaschen, etwas zu essen und etwas zum Anziehen für diejenigen, die nur mit Badekleidung bedeckt waren.

Nach etwa acht Stunden in dem Lager, sagte man uns, wir würden etwa um zwei Uhr nachts zum Flughafen gebracht werden, von wo wir dann nach Bangkok fliegen könnten. Am Flughafen in Bangkok würde uns dann jemand von der schweizerischen Botschaft empfangen und uns weiterhelfen.

Auch am Flughafen waren schon viele Leute, die auf den Flieger warteten. Es war unsagbar viel Elend, das ich da gesehen habe. Ich konnte damit kaum umgehen. Wir waren unendlich froh, als wir nach langem Warten endlich im Flugzeug saßen, und wegkonnten von Phuket und dem ganzen Elend.

28. Dezember 2004

In Bangkok angekommen, stiegen wir aus dem Flugzeug, holten unser Gepäck und machten uns auf die Suche nach den Vertretern der schweizerischen Botschaft. Wir suchten überall, aber sie waren nicht zu finden. Wir waren enttäuscht und verzweifelt. Alle Botschaften waren auf dem Flughafen vertreten, nur die der Schweiz leider nicht. Wir suchten schließlich die deutsche Botschaft auf und erklärten unser Anliegen. Ohne Diskussion wurden wir von den Deutschen mitgenommen und nach Bangkok in ein Hotel gebracht.

Wir bekamen ein schönes Zimmer und man sagte uns, dass wir am nächsten Tag von der Rezeption aus mit der schweizerischen Botschaft telefonieren könnten. Erleichtert bezogen wir unser Zimmer und genossen endliche eine reinigende und warme Dusche. Ich war schon vor Rudolf im Bett, als er mir aus der Dusche heraus laut etwas zurief. Ich zuckte zusammen, weil es sich genauso anhörte, wie bei der Welle, als er „Lauf!" geschrien hatte. Ich wurde panisch und weinte laut. Er entschuldigte sich sofort, aber er hatte es ja nicht absichtlich gemacht.

Nach ein paar Stunden Schlaf fühlten wir uns am nächsten Tag schon besser. Dennoch fühlte sich alles so seltsam an. Wir frühstückten zunächst und riefen dann bei der schweizerischen Botschaft an. Die zuständige Person fragte mich am Telefon, ob es mir gesundheitlich gut ginge und ob ich jemand verloren hätte. Ich beschrieb ihr unsere Situation und sie bat uns, zu ihr zu fahren. Ich erklärte ihr auch, dass wir kein Geld mehr hätten, da wurde mir versichert, dass man uns in der Botschaft aushelfen würde.

Bernd fuhr mit uns im Taxi zur Botschaft. Rudolf hatte zum Glück noch etwas Geld in der Tasche. In der Botschaft angekommen, gab es dann eine Enttäuschung. Die Frau hinter der Glasscheibe schickte uns zu einem Foto-Automaten, da wir Passfotos brauchten für die Ausreise. Geld konnte sie uns keines geben, aber sie bat uns, Angehörige zuhause anzurufen, damit sie uns Geld schicken würden, dass etwa in vierundzwanzig Stunden hier wäre. Sie betonte noch zusätzlich, dass wir die Kosten für das Telefonat selbst bezahlen müssten. Ja, da kam ich zur Botschaft, weil ich kein Geld mehr hatte und gleichzeitig musste ich das Telefonat bezahlen! Ich verstand die Welt nicht mehr. Das Versprechen, dass wir bei der Botschaft Geld bekommen würden, war wie Seifenblasen zerplatzt. Ich war traurig und wütend zugleich. Fühlte mich total verarscht. Wir machten uns auf den Weg zu diesem Fotokasten und kamen dann mit den Fotos wieder zur Botschaft zurück. Da saß mittlerweile ein Mann und erzählte, was er erlebt und dass er seinen dritten Sohn noch nicht gefunden hatte. Ich saß da und die Tränen liefen mir über meine Wangen. Ich konnte sein Leid gut nachempfinden, denn ich habe ja selbst Kinder. Dann saßen da ein Mann und eine Frau und wir unterhielten uns. Sie erzählte mir, was sie so erlebt hatten und dass es eine schwierige Situation sei, da ihr Freund schwerhörig war. Ich erzählte ihr, dass mein Freund gehörlos ist. Dann fragte ich die Frau von der Botschaft, wer denn meinem Freund geholfen hätte, wenn ich nicht dabei gewesen wäre. Sie überlegte kurz und meinte, sie hätten ihm nicht geholfen, er hätte dann zur thailändischen Botschaft gehen müssen. Ich war stinksauer und sagte ihr meine Meinung. Es war ein Auf und Ab mit meinen Gefühlen. Einmal schwer betrübt und traurig und dann wieder stinkwütend über diese Art, wie man mit uns bei der Botschaft umging. Es wurde uns schließlich gesagt, dass wir am nächsten Tag wiederkommen sollten, um unsere Papiere für die Ausreise zu holen.

Wir verbrachten dann mit Bernd den Tag und sahen uns Bangkok an. Ja, das hat uns gutgetan und etwas abgelenkt von dem ganzen Chaos. Bevor wir am Abend noch Freunde trafen, die in Bangkok wohnten, entspannten wir uns am Hotel-Pool. Immer wieder kamen diese Momente, wo es uns bewusstwurde, wie viel Glück wir gehabt hatten und wir weinten zusammen. Ich rief meine Eltern an, um ihnen mitzuteilen, wie es uns ging und wann wir heimkommen würden. Mein Vater nahm den Hörer ab, wir sagten „Hallo" und danach weinten wir beide nur noch. Ja, meine Eltern konnten es nicht erwarten, bis wir wieder heimkommen würden. Und auch wir freuten uns sehr auf zuhause und unsere Familien.

Am Abend trafen wir uns mit meinen Freunden, Edi und Barbara zum Essen. Auch der Bruder von Edi war dabei, er war Taxifahrer und kannte sich in der Stadt gut aus. Wir fragten ihn dann, ob er uns am nächsten Tag von der Botschaft zum Flughafen bringen könnte. Edi erklärte uns, dass er auch mitfahren würde, um uns zu helfen, unseren Flug umzubuchen. Wir waren erleichtert und genossen den Abend zusammen.

29. Dezember 2004

Am nächsten Tag fuhren wir zur Botschaft, um unsere Papiere abzuholen, die wir brauchten, um ausreisen zu können, da wir ja keine Pässe mehr hatten. Die Frau in der Botschaft war sehr unfreundlich und wir mussten lange warten. Es war nicht viel los und so habe ich nach einer Stunde Wartezeit mal reklamiert. Da hat mich die Frau angeschrien, was mir einfallen würde, es gäbe viele Kinder im Krankenhaus, die ihre Eltern noch nicht gefunden hätten und viel schlimmer dran wären als ich. Mir war es durchaus bewusst, dass wir riesiges Glück gehabt hatten, aber das bedeutete ja nicht, dass man unser Anliegen nicht ernst nehmen musste und dass wir das auch akzeptieren mussten. Sie übergab uns schließlich die Unterlagen und das Papier, das wir in Phuket Stadt bekommen hatten, mit dem Foto und den Fingerabdrücken.

Ich fragte die Dame von der Botschaft dann, ob wir mit Sicherheit mit diesen Papieren ausreisen würden können. Sie meinte, es sollte passen. Wut stieg in mir hoch und ich explodierte. In einem wütenden Ton schrie ich sie an, was sie sich eigentlich denke, wer sie sei. Ich machte ihr klar, dass, wenn ich mit diesen Papieren nicht ausreisen würde können, ich erneut hierher kommen würde müssen. Dann würde ich ihr jedoch raten, einen Sturzhelm aufzusetzen, denn dann würde ich hier alles kurz und klein schlagen. Ich fragte sie, ob jemand von der schweizerischen Botschaft am Flughafen wäre, falls wir Hilfe brauchen würden. Die Frau bestätigte dies. Ich sagte ihr, dass ich eine Telefonnummer wolle von der Person, die am Flughafen wäre. Sie gab mir diese und wir fuhren mit Edi und seinem Bruder zum Flughafen. Edi half uns, den Flug umzubuchen. Das war für uns hilfreich und sehr angenehm, weil er lange in der Schweiz gelebt hatte und gut Deutsch sprach. Wir verabschiedeten uns dann von Edi und waren sehr dankbar für seine Hilfe. Kaum war er weg, erklärte uns der Herr am Schalter, dass etwas mit dem Umbuchen nicht stimmte. Ich rief dann die zuständige Person von der schweizerischen Botschaft am Flughafen an. Die Frau am Telefon sprach ständig thailändisch mit mir. Als sie merkte, dass ich kein Thailändisch verstand, sprach sie englisch weiter. Mir platzte der Kragen und ich erklärte ihr in meinem rudimentären Englisch, dass ich deutsch spreche und dass ich eine Person möchte, die auf Deutsch mit mir sprechen könne. Ich musste das viele Male wiederholen, bis endlich eine Frau am Telefon war, die deutsch sprach. Ich erklärte ihr, wo ich am Flughafen genau wäre und dass sie dorthin kommen sollte. Sie sagte mir, dass sie kommen würde und ich legte auf, in der Hoffnung, dass sie wirklich auftauchen würde.

Kurze Zeit später stand eine gepflegte Thailänderin vor mir und fragte auf Deutsch, ob ich die Dame war, die mit ihr telefoniert habe. Ich bejahte ihre Frage und ließ sie nicht mehr aus den Augen. Ich sagte ihr auch, dass sie, bis alles erledigt wäre, mit uns kommen müsse. Wieder stieg diese totale Wut in mir auf und kurz danach die unendliche Traurigkeit über das, was passiert war. Ein Wechselbad der Gefühle. Dann war der umgebuchte Rückflug endlich geklärt und die Koffer abgegeben. Wir bedankten uns bei der Dame von der Botschaft und verabschiedeten uns.

Als wir durch den Zoll gingen, nahm uns ein Zöllner die Papiere ab und wir mussten in einem kleinen Büro warten. „Auch das noch!", dachte ich und hoffte, dass es keine weiteren Probleme geben würde. Nach etwa zwanzig Minuten kam er wieder und sagte uns auf Englisch, dass alles ok wäre und erklärte uns noch den Weg zu unserem Gate. Dort angekommen, warteten

wir mit Ungeduld auf unseren Flug nach Hause. Ich saß da und mir kam diese ganze Geschichte vor wie aus einem Horrorfilm. Ich hätte am liebsten losgeheult und nicht mehr aufgehört. Dann endlich stiegen wir in unseren Flieger und als dieser vom Boden abhob, überkam mich ein wohliges Gefühl, so auf die Art: „Endlich gerettet!"
Ein Mann, der neben mir im Flieger saß, erzählte mir seine Geschichte. Sein Hotel war auch am Phatong Beach gewesen, aber etwas erhöht. Das Frühstück hätte es immer im Restaurant direkt am Meer gegeben. Er sagte mir, dass er an diesem Morgen unbedingt zur Toilette musste und die war oben im Hotelgebäude gewesen. In dieser Zeit, als er zum Hotel hinauf ging, war das Wasser gekommen. Das konnte er von oben beobachten. Ja, auch er hatte großes Glück gehabt. So hat jeder seine eigene Geschichte mit dem Tsunami erlebt.

30. Dezember 2004 – Ankunft am Flughafen Zürich

Wir landeten in Zürich und ich war gespannt, wer uns am Flughafen erwarten würde. Doch zunächst hieß es Aussteigen aus dem Flugzeug, Koffer holen und dann durch den Zoll. Viele Leute warteten in der Ankunftshalle, um ihre Liebsten in Empfang zu nehmen. Ich sah meine Eltern, meine Tochter und verschiedene Freunde von uns, die gekommen waren, um uns zu begrüßen. Tränen flossen auf allen Seiten und die Umarmungen waren intensiv und herzlich. Wir tranken dann in einem Café am Flughafen noch alle zusammen etwas, bevor wir nach Hause fuhren. Sie wollten alle wissen, wie es uns ging und was wir erlebt hatten. Ich freute mich wahnsinnig – und gleichzeitig war ich überfordert von den vielen Fragen.

Total müde und kraftlos fuhren wir in meine Wohnung und legten uns kurz hin. Es war schön, wieder zuhause zu sein, aber es war alles nicht mehr so, wie es mal gewesen war. Wir aßen dann etwas und sprachen über das Erlebte. Wieder flossen Tränen und ein Gefühl der Hilflosigkeit kam in mir hoch. Wo sollte ich mit dieser unendlichen Traurigkeit und der Realitätsverschiebung hin? Ich dachte, dass es wahrscheinlich Zeit brauchen würde, um das Ganze zu verarbeiten. Wir gingen dann ziemlich früh schlafen. Ich lag im Bett und konnte nicht einschlafen. Meine Gedanken kreisten, wie ein Vogel über seiner Beute. Diese ganzen Geschichten von den Menschen und ihren Schicksalen! Die Tränen liefen mir übers Gesicht und ich fühlte mich so hilflos mit diesen Gefühlen, die zum Teil, total neu für mich waren. Irgendwann schlief ich dann doch ein. Etwa so um drei Uhr morgens wachte ich wieder auf. Ich weinte nur noch und konnte mich nicht beruhigen. Mein Partner wachte ebenfalls auf und bat mich, aufzustehen und zur Ablenkung eine kleine Runde spazieren zu gehen. Wir taten das auch und es tat uns gut.

31. Dezember 2004

Plötzlich war es Silvester und ich hatte gar keinen Platz in meinem Kopf für diesen Anlass. Ich fühlte mich so leer und traurig. Nichts war mehr, wie es vor unseren Ferien gewesen war. Es kam mir alles so fremd vor und ich wusste nicht richtig, wie ich dieses andere Leben jetzt anfangen sollte. Immer wieder sprachen mein Partner und ich über Abschnitte des Erlebten, hielten uns an den Händen und weinten. Es gibt keine richtigen Worte, um diesen Zustand zu beschreiben. Es war wie in einer Achterbahn. Einmal mit den Gefühlen ganz oben und froh, dass wir heil nach Hause gekommen waren, und dann wieder diese unheimlichen Tiefs und die Traurigkeit über das Erlebte. Man kann es nicht richtig beschreiben, auch wir selbst konnten all das noch nicht richtig einordnen.

Das neue Jahr 2005 war angebrochen und ich versuchte, das Leben so gut es ging, weiterzuleben. Mein Partner fuhr dann nach Liechtenstein in seine Wohnung und ich fühlte mich so einsam und verlassen. Meine Wohnung wollte ich gar nicht mehr verlassen, weil ich Angst hatte, ich könnte jemandem begegnen und müsste mich dann mit dieser Person unterhalten. Ich zog mich viele male zurück. Auch wenn ich auf den Balkon ging, hoffte ich, dass mich dort niemand sehen würde. Manchmal kroch ich auf allen Vieren hinaus, damit mich niemand bemerken und ansprechen konnte. Ich war auch froh, wenn das Telefon nicht läutete. Am liebsten war mir: Hinsetzen, nicht bewegen und mit niemanden sprechen. Es war so schwierig, das alles auszuhalten.

Bald darauf traf ich mich mit meinem Chef und meinen Arbeitskollegen in Zürich zum Frühstück. Es kostete mich große Überwindung, dahin zu fahren. Im Nachhinein war ich dann aber doch froh, dass ich über meinen Schatten gesprungen war. Mein Chef meinte, ich solle doch noch die Ferien, die ich ja zu dem Zeitpunkt noch hatte, nehmen und zur Ruhe kommen. Ich dachte, Ablenkung würde mir guttun und machte dann ein paar Tage später mit meinem Chef ab, dass ich wieder ins Büro kommen würde.

Ich freute mich darauf, wieder zu arbeiten und im Büro nahmen mich alle herzlich auf. Ich versuchte, mich in die Arbeit zu stürzen, schaute meine Unterlagen durch, die auf meinem Schreibtisch lagen. Telefonierte, um Termine abzumachen und schrieb Offerten. Zwischendurch ging ich mit meinen Kollegen einen Kaffee trinken und eine Zigarette rauchen. So verbrachte ich meinen ersten Arbeitstag und war eigentlich zufrieden.

Aber abends, zuhause, überkamen mich wieder diese Panikattacken und diese Weinanfälle. Ich konnte nicht einschlafen und auch nicht durchschlafen, weil immer wieder die Bilder vom Tsunami mit den dazugehörigen Gefühlen hochkamen. Ich wusste nicht, was ich machen sollte, denn ich hielt diesen Zustand nur sehr schwer aus. So verbrachte ich einen Tag nach dem anderen, immer in der Hoffnung, dass es besser werden würde.

Dann las ich in der Sonntagszeitung diesen Bericht von einem Psychologen. Er führte zehn Symptome in einer Liste auf. Wenn man vier dieser Symptome habe, dann sei man traumatisiert, stand dort. Alle zehn Punkte trafen bei mir zu. Da wusste ich, dass ich etwas unternehmen musste und Hilfe brauchte. Im Artikel fand sich auch eine Telefonnummer, wo man sich melden konnte. Ich rief dort an und erhielt einen Termin in drei Tagen.

Ich traf mich dort mit dem Mann, mit dem ich telefoniert hatte. Er war etwas jünger als ich und war mir auf Anhieb sehr sympathisch. Er war Trauma-Therapeut und konnte mir auf die verschiedenen Fragen, die bei mir im Raum standen, Antwort geben. Ich wollte einfach wissen, was da mit mir und meiner Psyche passiert war. Wir hatten ein sehr gutes Gespräch und er befragte mich über die Symptome, die ich seit meiner Rückkehr hatte und die mir zuvor völlig unbekannt gewesen waren. Das Gespräch tat mir auf der einen Seite sehr gut, auf der anderen Seite hatte ich große Mühe, darüber zu sprechen.

Am achten Januar 2005 entdeckten wir im Teletext einen kurzen Bericht, dass sich die schweizerische Botschaft für die Umstände nach dem Tsunami entschuldigte, da Verschiedenes nicht funktioniert hatte. Wir waren stinksauer, denn wir wussten ja genau, wie es abgelaufen war und empfanden diese Entschuldigung als lächerlich.

Ich ging einige weitere Male zur Therapie in die Praxis. Es fiel mir jedes Mal sehr schwer, über meine Erlebnisse zu sprechen, weil dann auch die ganzen Bilder und Gefühle hochkamen, mit denen ich nicht umgehen konnte. Nach jeder Therapiestunde hatte ich Zustände und musste mich zuerst sammeln, bevor ich heimfahren konnte.

Eines Tages klingelte mein Telefon und eine Reporterin vom „SonntagsBlick" war dran. Sie sagte, dass sie Berichte schreibe über Menschen, die den Tsunami miterlebt hatten und fragte, ob ich einverstanden wäre, mich mit ihr zu treffen. Sie wollte über meine Geschichte schreiben. Ich willigte ein und wir trafen uns in einem Café. Sie hatte viele Fragen an mich, die ich teilweise nur schwer beantworten konnte, weil in mir immer wieder die Bilder und Gefühle hochkamen. Als wir uns verabschiedeten, fragte sie noch, ob sie sich etwa in vier Wochen nochmal melden dürfe und ich willigte ein. Sie machte noch ein Foto von mir und der Beitrag wurde dann in der Sonntagszeitung veröffentlicht. Viele Leute, die mich kannten, die den Artikel gelesen und nicht gewusst hatten, dass ich den Tsunami miterlebt hatte, sprachen mich danach darauf an oder riefen mich an.

«Ich wünsche mir, dass ich nicht mehr Angst haben muss»

WETZIKON ZH. Fünf Wochen nach dem Seebeben in Asien: Die Zürcher Versicherungsagentin Eveline Müller (39) steht noch immer unter Schock.

«Vor dem 26. Dezember war alles klar in meinem Leben. Jetzt habe ich nur Chaos im Kopf und im Herzen.» Eveline Müller aus Wetzikon kämpft mit den Tränen. Sie legt ihre Hand auf die Brust. «Sie schmerzt, als ob ein Messer darin stecken würde.» Eine Verspannung der Brustwand, lautet die Diagnose. Ein Stresssymptom.

Eveline Müller sagt leise: «Ich möchte wieder gut schlafen und konzentriert arbeiten können. Ich wünsche mir, dass ich nicht mehr Angst haben muss, vor einer Welle, die gar nicht mehr kommt. Die Erinnerungen sollen verschwinden.»

AM 30. DEZEMBER kehrte sie mit ihrem Freund zurück aus Patong Beach in Thailand. Am 26. Dezember rannten sie vor der Flutwelle weg und retteten sich auf einen riesigen Hügel. «Wir hatten riesiges Glück», sagt Eveline Müller. Ein Glück, das sie nicht geniessen kann. Was immer sie tut, wohin sie geht, die Flutwelle ist ganz dicht hinter ihr. Wenn sie ein Gebäude betritt, sucht sie nach Fluchtwegen, «für den Fall, dass das Wasser wieder kommt». Am schlimmsten sind aber die Geräusche in ihrem Kopf. «Die Panik schreie, das tosende Wasser, das Krachen der einstürzenden Häuser.»

Ihrem Umfeld fällt es zunehmend schwer, sie zu verstehen. Ihr Freund verarbeitet das Erlebte besser. Sie reden viel darüber, trotzdem fühlt sich Eveline Müller allein und nicht verstanden.

SIE WÜNSCHT SICH manchmal, mit anderen Überlebenden reden zu können, die auch Mühe haben, den Weg zurück ins normale Leben zu finden. Letzte Woche hatte sie eine erste Sitzung bei einem Trauma-Experten, weitere werden folgen. Sie ist sicher, dass es ihr helfen wird.

Wenn sie in der Nacht wach liegt, denkt sie an die schönen Tage am Patong Beach zurück. Sie sieht das ruhige Meer, den weissen Sand.

Dann passiert es wieder: «In meinen Gedanken kracht die Welle über mich herein – wie am 26. Dezember – und spült all die schönen Erinnerungen weg.»

YVONNE KUMMER

In der Zwischenzeit war ich wieder Vollzeit in meinen Beruf eingestiegen. Jeder Tag war eine neue Herausforderung für mich. Speziell bei Hausbesuchen wurde es immer schlimmer. Ich hatte beispielsweise einen Termin bei einem Kunden zuhause und fuhr dahin. Schon im Auto überkam mich ein seltsames Gefühl. Ich läutete und der Kunde bat mich hinein. Ich inspizierte das Haus genau und in mir kam die Frage auf: „Wenn jetzt etwas passiert – wo flüchte ich hin?" Ich unterhielt mich dann mit dem Kunden und als dieser mich ansprach, hatte ich nicht das Gefühl, dass er mit mir sprechen würde. Ja, mit wem sprach er dann und wenn nicht mit mir, wo war ich in der Zeit? Einfach der blanke Horror. Ich konnte mich nicht konzentrieren und war in meiner Unsicherheit gefangen. So erlebte ich jeden Tag eine neue Geschichte mit neuen Herausforderungen.

Beruflich wie privat war nichts mehr, wie es mal war!

Mein Leben fühlte sich so seltsam anders an. Ich war doch immer eine starke Frau gewesen, die jede noch so komplizierte Situation irgendwie meisterte. Nun war jeder Tag begleitet von Panikschüben. Ich war verwirrt und wusste nicht mehr, was ich machen sollte. Wo war mein Leben, das ich früher geführt hatte und an das ich nun nicht mehr anknüpfen konnte? Jeden Tag nach dem Aufstehen fragte ich mich, wie ich diesen Tag überstehen sollte. Ich musste doch privat und beruflich funktionieren.

Auch die Menschen in meinem Umfeld sagten mir, dass die Tragödie doch vorbei und ich in Sicherheit wäre. Ja, jemand, der so etwas noch nicht erlebt hatte, konnte das Ganze unmöglich verstehen. Ich verstand es ja selbst nicht, was da mit mir passiert war und warum die Panik immer noch da war.

Ich hatte so unendlich Mühe, meinen Alltag zu meistern. Es kamen jeden Tag wieder andere Situationen auf mich zu. Menschen, denen ich begegnete, lösten in mir seltsame Gefühle aus.

Einmal war ich beispielsweise in Winterthur unterwegs, in der Nähe des Bahnhofs, als plötzlich diese Menschenmenge durch die Straßen lief und laut war. Es waren Fans, die zu einem Fußballspiel wollten, das dort in der Nähe stattfand. Viele Leute bedeutete: Lärm, unbekannte Laute und Geräusche. Ich hielt mir die Ohren zu und versuchte, in meiner Panik nicht durchzudrehen. Wenn ich Menschen begegnete, die schnell liefen, kamen sie mir vor, als ob sie auf der Flucht wären. Wenn ich Familien mit Kindern sah, fragte ich mich, ob alle Familienmitglieder zusammen waren, weil beim Tsunami viele Eltern ihre Kinder oder Kinder ihre Eltern verloren hatten. In fast jeder Situation in meinem Leben kamen solche und ähnliche Fragen auf, die ich mir meistens nicht beantworten konnte.

Kinder, die schrien oder Erwachsene, die laut etwas riefen, konnte ich ebenfalls nur schwer aushalten. Jeder Tag war eine neue Herausforderung für mich.

Es war kaum auszuhalten und trotzdem dachte ich mir, dass die Arbeit mich ablenken würde. In der Zwischenzeit war es August und ich war am Ende meiner Kräfte. Mein ganzer Körper streikte und meine beiden Hände waren mit Ausschlag übersät. Da ich mich immer schlechter fühlte, war ich beruflich nicht sehr erfolgreich und konnte nicht ausreichend Verträge mit Kunden abschließen, somit war auch meine finanzielle Situation kritisch. Ich bat meinen Chef um ein Gespräch und teilte ihm mit, dass ich kündigen wolle. Er schaute mich an und fragte mich, warum. Ich erzählte ihm von meinen Problemen und er sagte, dass er mich voll verstehen könne. Er meinte, dass ich nicht kündigen sollte, sondern mir eine Auszeit von etwa drei Monaten nehmen. Ich würde zu seinem Team gehören und er wolle mich nicht missen. So viel Verständnis hatte ich nicht erwartet, ich war sehr beeindruckt und dankbar.

Aber es gab auch Schönes in meinem Leben: Meine Tochter war schwanger, mit meinem ersten Enkelkind. Der Gedanke an dieses Baby gab mir so viel Kraft und half mir auch über den Gedanken, nicht mehr leben zu wollen, hinweg. Dadurch, dass meine Tochter im Laufe der Schwangerschaft wieder bei mir wohnte, konnte ich die ganze Schwangerschaft hautnah miterleben. Der Höhepunkt war, dass ich auch bei der Geburt dabei sein durfte. Und auf einmal, gab es mein neues Leben als „Nani", als Großmutter. Damit kam auch wieder Freude und neues Licht in meinen Alltag.

Ich ging auch weiter zur Traumatherapie in Zürich. Wir kamen nur langsam voran. Ich war so dankbar, dass der Therapeut mir kleine Schritte aufzeigte, wie ich aus meinen täglichen Panikattacken kommen konnte. Es gelang mir nur schwer und ich versuchte, einen Schritt nach dem anderen zu machen.

In der Zwischenzeit war es April 2006 geworden und ich war immer noch krankgeschrieben. Ich hatte dann wieder ein Gespräch mit meinem Chef. Er meinte, sie müssten einen Ersatz für mich suchen, denn meine Kunden wären nicht ausreichend betreut. Er bot mir eine Kündigung in gegenseitigem Einvernehmen an. Irgendwie war ich erleichtert, denn ich wusste, dass meine Kunden wieder eine Betreuung brauchten. Ich hatte so oft davon geträumt, dass ich noch arbeiten würde und dringend Offerten schreiben musste. Dieser Traum hat mich noch einige Jahre begleitet.

Schließlich kam es auch zur Kündigung in gegenseitigem Einverständnis. Ich war auf der einen Seite froh und auf der anderen sehr frustriert. Ich liebte meinen Job und der Gedanke, dass ich diese Arbeit nicht weiterführen konnte, löste in mir ein Gefühl von Versagen aus.

Ich war so dankbar, dass meine Familie und meine Freunde, auch mein Partner, für mich da waren und mich unterstützten. Obwohl Rudolf dasselbe erlebt hatte wie ich, empfand er ganz anders. Ich merkte auch, dass mir viele Geräusche, das Schreien von Leuten, laute Rufe, Durcheinander-Gerede von Menschenmengen und auch Töne, die mir nicht vertraut vorkamen, mich schon auf die Stufe „Achtung, pass gut auf!" führten. Bei ihm war das ganz anders. Mein Partner ist gehörlos und nimmt darum das Visuelle viel stärker wahr als ich. Wir hatten viele Diskussionen darüber, ob jetzt seine Version der Ereignisse oder meine richtig war.

Ende Oktober kam meine Enkelin auf die Welt und da wusste ich, dass sich das Leben auf jeden Fall lohnt. Ich war so was von stolz und glücklich und hatte eine neue Perspektive in meinem Leben. Auch durch meine Traumatherapie lernte ich immer mehr, mit meinen Problemen umzugehen.

Anfang 2006 entschied ich mich, mit meiner Tochter eine größere Wohnung in Uster zu suchen. Wir fanden dann eine Fünfeinhalb-Zimmer-Wohnung. Ich reduzierte meine ganze Wohnung auf ein Zimmer und meine Tochter bezog mit Athina den Rest der Wohnung, denn ich hatte mit Rudolf zusammen beschlossen, dass ich im Juli zu ihm nach Vaduz in seine Wohnung ziehen würde. Da ich meine Zelte in der Schweiz nicht ganz abbrechen wollte, behielt ich das erste Jahr mein Zimmer bei meiner Tochter. Es war eine große Veränderung in meinem Leben. Weit weg von meinen Kindern und meinen Freunden. Ich führte dann von Vaduz aus noch die Traumatherapie weiter, bis meine Versicherung die Kosten nicht mehr übernehmen wollte. Ich fand dann in Liechtenstein eine Psychologin, die auch Traumatherapie anbot. Ich kam in ihre Praxis und sah ein Foto mit ihr und einem Delfin. Ich frage dann, wo sie das gemacht hatte und sie erzählte mir von einem Freizeitpark. Ich suchte danach im Internet und buchte mir auch eine Stunde mit den Delfinen. Die Zeit mit den Tieren war sensationell. Es hat in mir so viel ausgelöst und auch meine depressive Stimmung besserte sich. Ich war wie ein anderer Mensch. Leider hielt dieser Zustand nicht lange an.

Anfang September 2006 flogen mein Partner und ich in die USA. Es war schon seltsam, wieder zu reisen, nach allem, was wir auf unserer letzten Reise erlebt hatten. Früher hatten wir immer Ferien am Meer gemacht und es war das Größte für mich.

Ich hatte auch immer dafür gearbeitet, um mir diese Reisen zu finanzieren.

Wir flogen nach Los Angeles und mieteten dort ein Auto, um herumzureisen. Als Mietwagen bekamen wir einen Chevrolet und freuten uns riesig auf unsere Tour. Zuerst verbrachten wir drei Tage in Santa Monica in der Nähe des Pier. Am ersten Tag wollte Rudolf zum Strand und ich willigte unsicher ein. Wir wollten nicht im Meer baden, nur einen Spaziergang machen. Als wir so Richtung Wasser liefen, schnitt es mir fast die Luft ab. Noch ein paar Schritte näher zum Meer, dachte ich. Es waren viele Leute am Strand und viele Kinder rannten umher und schrien. Ich bekam keine Luft mehr und Weinanfälle mit Panikattacken. Ich hielt es nicht aus in dieser Situation und so rannte ich weg vom Meer zum Ende des Strandes, bis zur Straße. Ich kann es nicht beschreiben, was da in mir vor sich ging. Der blanke Horror. Der ganze Körper zitterte und meine Gedanken kreisten um den Tsunami. Am nächsten Tag machte ich einen neuen Versuch und ging erneut ans Meer. Es ging etwas besser und ich konnte einige Meter am Strand laufen. Immer den Blick zum Meer und zum Horizont. Auch den Strand beobachtete ich genau, wie sich die Leute dort verhielten und ob sich in der Nähe vom Strand Tiere aufhielten. Bevor damals der Tsunami kam, waren ja die Katzen, die sonst jeden Tag beim Frühstück gewesen waren, auf einmal verschwunden. Das war uns erst im Nachhinein aufgefallen. Ja, man sagt, dass die Tiere ein Unglück schon viel früher spüren können. Doch hier, in Santa Monica, waren die Menschen entspannt und auch die Tiere wie Katzen, Hunde und viele Möwen schienen entspannt zu sein.

Etwa im Oktober 2006 fingen dann meine Anfälle an. Menschen, die diese mitbekamen, schilderten mir das so: Ich fiel um und war ohnmächtig. Dann fing ich an, tief und schnell zu atmen und der ganze Körper vibrierte und war verkrampft. So ein Anfall dauerte fast eine Stunde. Mein Partner kümmerte sich natürlich um mich, doch als es mit den Anfällen immer schlimmer wurde, wusste auch er sich keinen Rat mehr.

Anfang Dezember wies mich mein Arzt schließlich ins Krankenhaus ein. Ich bekam dort sehr starke Medikamente. Jeden Tag hatte ich etwa zwei solcher Anfälle, die rund eine Stunde dauerten. Bei jedem Anfall bekam ich eine ziemlich große Dosis an Valium gespritzt. Diese Medikamentengabe sollte die Krämpfe, die bei meinen Anfällen auftraten, lösen. All das nahm meinen Körper sehr mit. Ich war zwei Monate im Krankenhaus, kann mich aber an den ersten Monat nicht erinnern, durch das viele Valium, und habe einiges an Gewicht verloren. Als ich in diesen zwei Monaten nicht viel weiterkam, überwies mich mein Arzt in die Klinik nach Pfäfers.

Ich weiß noch genau: Als mich Rudolf dorthin gebracht hatte und wir uns beim Empfang anmeldeten, sollte ich auf die mir zugeteilte Station gehen. Ich saß vor der Klinik auf der Mauer und weinte. Das Gefühl überkam mich, dass ich versagt hätte. Es war unbeschreiblich, was da in mir vorging und ich konnte nichts dagegen machen. Mein Partner hatte sich dann schon verabschiedet und ich saß immer noch auf dieser Mauer. Ich fühlte mich verlassen von der Welt und vermisste meine Kinder unheimlich. Ich konnte das Gebäude nicht betreten und blieb in dieser Situation, bis jemand von der Abteilung, wo ich hinsollte, auf mich zukam. Mit gutem Zureden folgte ich der Dame schlussendlich auf die Station. Ich bezog mein Zimmer und weinte nur noch. Drei Tage konnte ich nichts essen und verkroch mich nur in meinem Bett. Nach und nach lebte ich mich dann doch ein. Ich hatte zwischendurch meine Anfälle, die man durch Therapie und Medikamente versuchte, in den Griff zu kriegen. Ich war nur noch verzweifelt und sah keinen Weg heraus. Es wurde zwar nach und nach etwas besser mit den Anfällen, aber sie sind nie ganz weggeblieben.

So ging das weiter, ich landete wieder im Krankenhaus und dann wieder in der Klinik und wieder im Krankenhaus und dann wieder in der Klinik. Ich kam nicht richtig vorwärts und verzweifelte immer mehr. Auch meine Depression rückte immer mehr in den Vordergrund.

Mein Partner machte mir im April 2007 einen Heiratsantrag und wir beschlossen, am zehnten August des Jahres zu heiraten. Kurz vor unserer Hochzeit war ich wieder in der Klinik und die Ärzte meinten, ich solle die Hochzeit verschieben, da ich überhaupt nicht fit war. Ich aber wollte das Datum nicht ändern und hoffte, dass es mir an dem Tag gut gehen und ich stabil bleiben würde. Ich kaufte mit meiner Tochter in Zürich mein Hochzeitskleid und versteckte es vor meinem zukünftigen Mann in der Klinik. Meine Tochter war meine Brautführerin und ich freute mich sehr auf diesen Tag. Ja, es ging mir gut an unserem Hochzeitstag und ich konnte die Feier so richtig genießen. Am nächsten Tag war ich jedoch völlig k.o. und musste mich erst mal erholen. Im September 2007 reisten wir nochmals nach Amerika. Mit dabei waren Rudolfs guter Freund und seine Frau. Es waren schöne vier Wochen und meine Anfälle hatte ich auch sehr gut im Griff. Da dachte ich schon, dass ich das Ganze überstanden hätte und ein neues Leben anfangen könnte. Leider war es nicht so, die Anfälle kamen wieder zurück und bestimmten meinen Alltag.

Es gab dann dazwischen eine Zeit, da ging es mir etwas besser. Aber es blieb ein Auf und Ab, das meine Psyche schwer belastete. Tiefe, depressive Stimmungen begleiteten mich und machten es mir unmöglich, ein normales Leben zu leben. Ich kann diesen Zustand nur schwer erklären. Diese Anfälle und die schweren depressiven Zustände schwächten nicht nur meine Psyche, sondern auch meinen ganzen Körper. Wie gerne hätte ich ein normales Leben geführt – mit einem guten Job. Ja, ich vermisste die Zeit sehr, als ich noch arbeiten konnte und hätte nur zu gerne mit jemandem getauscht, der regelmäßig zur Arbeit ging. Andere konnten dies nicht nachvollziehen und nur ich verstand es. So verging die Zeit mit Krankenhaus- und Klinikaufenthalten, dazwischen war ich immer wieder zu Hause, dann wieder im Krankenhaus und wieder in der Klinik.

2009 lernte ich eine Patientin kennen, die neu auf meiner Station war. Sie erzählte mir von einem Arzt, der auf Trauma spezialisiert ist und seiner Trauma-Station, und dass dies in der ganzen Schweiz die einzige Klinik wäre, die eine Trauma-Station habe. Dadurch, dass ich in den Kliniken, in denen ich bisher gewesen war, nicht vorwärts gekommen war und auch nie mein Problem mit dem Tsunami angesprochen wurde, wollte ich da mehr darüber wissen. Ich besuchte zu der Zeit einmal in der Woche eine Psychologin, die auf traumatisierte Menschen spezialisiert war. Auch sie fand die Idee, einen längeren Aufenthalt in einer Trauma-Klinik zu machen, gut. Ich recherchierte im Internet und telefonierte auch mal mit diesem Arzt. Er meinte, dass diese Station das Richtige für mich wäre. Ich vereinbarte dann einen Termin, um das Ganze zu besprechen. Da dies in der Schweiz die einzige Klinik mit einer Trauma-Station war, waren die Plätze rar und es gab eine Warteliste. Ich musste mich dann auch bei der Krankenkasse erkundigen, ob sie die Kosten für diese Therapie übernehmen würden. Zunächst wollten sie dies nicht. Also vereinbarte ich einen Termin mit dem Chef bei der Krankenkasse, um ihm meine Lage zu erklären. Ich versuchte ihm klar zu machen, dass es wegen der Kosten doch besser wäre, ich könnte diese Therapie machen, die etwas verändern würde, als die vielen Aufenthalte im Krankenhaus und anderen Kliniken, wo ich schon so lange nicht vorwärtskam. Er willigte schließlich nach langem Hin und Her ein, worüber ich sehr froh war. Wieder ein Lichtblick!

Nach einer kurzen Wartezeit wurde ich von der Klinik angerufen, dass ich eine Woche später bereits kommen könne. Auf der einen Seite war ich wahnsinnig froh und auf der anderen Seite war ich nervös und aufgeregt. Ich fragte mich: „Was erwartet mich dort?" und „Bin ich stabil genug für diese Therapie?"

Anfang Oktober 2009 kam ich schließlich in die Trauma-Klinik. Es war von Anfang an eine große Herausforderung für mich. Von der ersten Therapiestunde an, war der Tsunami wieder sehr präsent. Mein Körper war immer auf „Achtung! Gefahr!" ausgerichtet und mein Stresspegel konstant zu hoch. Mit dem Beginn der Trauma-Therapie nahmen auch meine Anfälle, Zitteranfälle mit Ohnmacht und Hyperventilation, immer mehr zu. Es war so anstrengend und ich war zeitweise völlig überfordert.

Zu der ganzen Belastung kam noch die Situation, dass meine Krankentaggeld-Versicherung nicht mehr zahlen wollte. Sie meinten, dass mein Fall eine Krankengeschichte wäre und kein Unfall. Bevor ich in die Klinik gekommen war, hatte ich einen Termin bei einem Psychiater in Buchs gehabt, der für die Versicherung arbeitete und meinen Fall prüfen sollte. Ich war zwei mal drei Stunden dort und musste alles genau erzählen und er machte sich Notizen. Beim zweiten Mal bei ihm ging es mir sehr schlecht. Ich merkte, dass mein ganzer Körper zitterte und mein Atem zu schnell ging. Ich hatte Angst, einen Anfall zu bekommen. Bevor ich heim fuhr, wartete ich eine Stunde im Auto sitzend, bis ich mich etwas beruhigt hatte. Als ich zuhause war rief mich dieser Psychiater an und fragte, ob ich gut heimgekommen sei. Er hätte sich Sorgen gemacht.

Er schrieb schließlich einen mehrseitigen Bericht an die Versicherung und ich bekam eine Kopie davon zugeschickt. Ich ärgerte mich maßlos darüber. Der Psychiater hatte zum Beispiel geschrieben, dass ich beim Erzählen vom Tsunami keine Reaktion gezeigt hätte. Ich konnte das nicht verstehen und musste es einfach akzeptieren. Ich fühlte mich machtlos und verfasste dann einen Brief an die Versicherung. Ich wollte denen mal erläutern, wie es mir wirklich geht.

Sehr geehrte Damen und Herren,

nach schon längerer Korrespondenz mit meinem Anwalt ist es mir sehr wichtig, Ihnen einen kurzen Bericht von mir persönlich zukommen zu lassen.

Ich habe den Bericht von diesem Arzt in Buchs sorgfältig durchgelesen und weiß, dass dieser Bericht ausschlaggebend war, dass die Taggeld-Auszahlung Ihrerseits an mich eingestellt wurde. Ich bin von meiner Seite aus mit verschiedenen Argumenten von Hr. Reiber nicht einverstanden und ich hatte das Gefühl beim Lesen, dass er verschiedene Aussagen von mir nicht sinnesgetreu übernommen hat. Ich fühle mich sehr deprimiert und auch hilflos, dass ich keine Möglichkeit habe, mich persönlich über diesen Bericht zu äußern und somit seine Beurteilung hinnehmen muss. Darum ein paar persönliche Worte von mir.

Vor diesem Erlebnis des 26. Dezember 04 hatte ich mein Leben im Griff. Ich war ein humorvoller, kontaktfreudiger Mensch. Lebte mein Leben, habe immer wieder Neues ausprobiert und war mit Power in meinem Leben unterwegs. Ich liebte die Arbeit, die zwar stressig war, aber total zu mir passte. Mit meinen früheren Schwierigkeiten in der Kindheit konnte ich nach ungefähr 7-jähriger Therapie und Klinikaufenthalten gut umgehen und das Ganze als einen Teil von mir akzeptieren.

Seit dem Tsunami-Erlebnis ist nichts mehr, wie es war. Ich habe viel von meiner Lebensqualität verloren. Ich musste meinen Job aufgeben, der mir sehr viel bedeutete. Ich habe viele Freunde in meinem Umfeld verloren, weil ich mich immer mehr isoliert habe. Ich habe Angstzustände, die mein Leben sehr beeinträchtigen, zum Beispiel, wenn zu viel Leute zusammen sind, wenn ich Töne höre, die mir neu sind, im Wasser zu schwimmen, und ganz extrem Wasser, das wild und laut ist. Verschiedene Szenen im Fernsehen, die nur ein wenig an das Erlebnis erinnern, Feuerwehr und Rettungswagen mit lauten Sirenen, Menschen, die etwas lauter sind oder Schreien, Kindergeschrei. Mein Mann hat damals, als das Wasser kam, gerufen: „Los lauf, lauf, lauf!" Wenn er heute mal zu laut ruft, kommen mir sofort wieder diese Panikgefühle hoch von damals.

Meine Hyperventilieranfälle, die mir sehr zu schaffen machen und die meistens zu einer Hospitalisierung oder einem Klinikaufenthalt mit starken Medikamenten führen.

Bei diesen Anfällen bin ich zwischen 10 und 45 Minuten nicht ansprechbar und in meinem Kopf spielen sich jedes Mal Szenen aus dem Tsunami-Erlebnis ab, sodass ich nachher psychisch sehr verzweifelt bin. Auch dazu kommt noch die körperliche Beeinträchtigung, die es mir nicht ermöglicht, verschiedene Arbeiten wie früher auszuführen.

Ich könnte Ihnen noch viele Beispiele mehr aufzählen, die immer noch meinen Alltag beeinflussen. Es vergeht kein Tag, an dem ich nicht an dieses Erlebnis zurückdenke und auch speziell an die Menschen, die dort Ihr Leben verloren haben, die vielen Kinder, die gestorben sind, oder auch umgekehrt, ihre Eltern dort verloren haben. Auch verschiedene Leute, die zu mir sagen, ich hätte jetzt ein zweites Leben bekommen, kann ich innerlich nicht fühlen. So gerne hätte ich einem Kind das Leben geschenkt, dass eine Familie komplett ist. Mir laufen die Tränen über meine Wangen und meine Hände zittern beim Schreiben, weil, wenn ich so intensiv über das nachdenke, die Gefühle und die Trauer wieder da sind, als wäre es gestern passiert. Ich stehe oft neben mir, habe Mühe mich zu konzentrieren und mein Gedächtnis macht mir oft auch Sorgen.

Es lässt mich einfach nicht los, das Ganze, obwohl ich schon so vieles ausprobiert habe. Von Therapie zu Therapie, viele Naturheiler und Methoden, die ich auch selbst bezahlt habe, einfach alles, was ich wieder einmal irgendwo gehört habe, gab mir immer wieder neue Hoffnung

Mein Wunsch ist doch nur, dass ich wieder ein normales Leben, leben kann, ohne Ängste und körperliche Einschränkung, auch finanziell selbst schauen für mich und einer Arbeit nachgehen, das heißt für mich, eine Aufgabe, die ich bewältigen kann.

Trotz allem möchte ich die Probleme meiner Kindheit nicht unter den Tisch kehren. Auch seit dem Tsunami–Erlebnis sind diese wieder teilweise aufgewühlt und spuken in meinem Kopf herum. Ich versuche auch in den Therapien, diese Probleme zu verarbeiten und genau anzuschauen.

Es ist sehr schwer für mich, weil mein Umfeld mir meine Probleme nicht ansieht und dadurch auf mich in einer Art reagiert, mit der ich nicht umgehen kann und mich noch weiter isolieren lässt.

An einem Nachmittag ging es mir nicht so gut und ich versuchte, mich mit einer Mediation abzulenken.

Ich habe im Juni von einer Mitpatientin in Pfäfers erfahren, dass es in Littenheid (TG) eine psychiatrische Klinik gibt, die eine spezielle, in der Schweiz einzigartige, Trauma-Station hat. Ich hatte mich mit dem dort zuständigen Oberarzt, der für Trauma-Patienten zuständig ist, am 29. Juli 09 für einen Termin verabredet. Er hat mir erklärt, wie die Therapie abläuft und geprüft, ob eine Trauma-Station für mich das Richtige wäre. Nach dem 1 ½-stündigen Gespräch hat er mir bestätigt, dass eine Traumatherapie für mich empfehlenswert ist und er mir sicher helfen kann. Ich habe Ihnen eine Kopie seines Berichtes beigelegt. Es besteht eine Wartefrist von 5 bis 6 Monaten, aber ich hoffe jeden Tag, dass ich schon früher mit dieser 3-monatigen Therapie beginnen kann.

Ja, das gibt mir wieder Hoffnung auf ein halbwegs „normales Leben".

Auch eine Entlastung für mein Umfeld, hauptsächlich für meinen Mann und meine Kinder, die sich immer wieder große Sorgen um mich machen und mir nicht weiterhelfen können.

Ich bedanke mich für Ihre bisherige Unterstützung.

Ich konsultierte dann über meine Rechtschutz-Versicherung einen Anwalt. Er nahm den Fall an und prüfte ihn sorgfältig. Die Diskussion, die im Raum stand, war: Handelt es sich in meinem Fall um eine Krankheit oder einen Unfall? Ich fand dann bei uns in der Sonntagszeitung „Liewo" einen Artikel, in dem das Thema genau beschrieben war.

Alle Fälle, die mit dem Tsunami zu tun haben, sind laut Paragrafen ... unter Unfall abzugelten.

Ich schickte diesen Artikel meinem Anwalt. Da konnte die Versicherung nicht mehr dagegensprechen. Dadurch entschärfte sich die Situation und ich konnte Unfalltaggeld beziehen. Ich war so froh, denn ohne das hätte ich nicht gewusst, wie ich meinen Anteil der Therapie hätte bezahlen sollen. Mein Anwalt leistete gute Arbeit und stellte auch noch den Antrag für eine IV-Rente für mich.

Meine Woche sah folgendermaßen aus: Gespräch mit meiner Psychologin und Gespräche mit meiner Bezugsperson, Maltherapie, Konfrontationstherapie, Musiktherapie, Stabilisierungsgruppe, Genusstherapie und Recyclinggruppe. Für mich war jede dieser Methoden eine totale Herausforderung. In allen diesen Therapien ging es um mein traumatisches Erlebnis und ich merkte, dass der Rückblick auf das Erlebte immer noch sehr präsent war. In den meisten Fällen, wenn ich einen Wochenrückblick machte, merkte ich, dass mich das Ganze viel Energie kostete und ich war immer wieder verzweifelt und depressiv. Ich brauchte dann die Wochenenden, um mich abzulenken und neue Kraft zu sammeln.

Trauma-Überwältigungserlebnis und die vier Phasen dazu:
Ältere Traumen können durch ein aktuelles, großes Trauma wieder hervorkommen. Das bedeutet, dass durch dieses große traumatische Erlebnis, frühere Ereignisse in meinem Leben, die ich schon lange vor dem Tsunami verarbeitet hatte, wieder eine große Bedeutung bekommen hatten.

1. und 2. Phase – Stabilisierung + Ressourcen
3. Phase – Trauma Exposition
4. Phase – Neuorientierung

Ein Ausschnitt aus meiner Maltherapie:
Ein Teil von meinem Bild, das ich mit meinen Fingern gemalt hatte, zeigt den Moment, als wir oben auf dem Hügel saßen und aufs Meer runter schauten. Im Vordergrund war der Hügel mit den Bäumen und die Bucht, die ohne Wasser war. Zwischendurch eine Rauchpause, um mich kurz von dem Bild, das die ganzen Gefühle hochbrachte, abzulenken. Zittrige und schwache Beine, mein Atem, der teilweise stillstand, das war so, wie ich es damals auf dem Hügel erlebt hatte. Ein paar Atemzüge und dann einatmen und dann stand die Welt wie still, niemand atmete mehr und keiner bewegte sich. Genauso, wie wenn man bei einem Film auf Pause drückt. Orientierungslosigkeit, dann auf einmal schnelles Atmen, Herzschmerz und dann war mein

Belastungspegel auf oberster Stufe. Ich versuchte, mich mit dem Gedanken, dass ich einen Vanillepudding anstatt mit Milch mit Orangensaft machen möchte, abzulenken. Dies war mir nur kurzfristig gelungen.

Ausschnitt von meinen Gedankengängen:
Ich habe mit einem guten Freund von mir telefoniert und wir haben ausgemacht, dass er mich am nächsten Donnerstag besucht, worüber ich mich sehr freute. Er meinte unter anderem, dass es wichtig sei für mein Leben und mein Wohlbefinden, dass ich festen Boden unter den Füßen habe.

Es stimmte. Erst als ich genau darüber nachdachte, kamen mir viele verschiedene Situationen in den Sinn, wo das zutraf. Mir wurde dann auch klar, warum es mir seit dem Tsunami-Erlebnis so schlecht ging. Das ganze Erlebnis hatte mir total den Boden unter den Füßen weggezogen. Ich wollte versuchen, dem Ganzen einen festen Boden zu geben. Wusste aber zu dieser Zeit noch nicht, wie. War mir aber sicher, dass mir etwas einfallen würde.

Ich habe beim ersten Aufenthalt nicht so viele Notizen gemacht, denn ich war völlig überfordert. Immer wieder über das Erlebte sprechen. Zwischen den Therapien immer öfters diese Anfälle und das Valium, das mich wieder stabilisiert hat. Valium hat meinen Körper verändert. Ich habe immer mehr zugenommen und war dadurch auch müde und frustriert. Ich bin auch immer wieder in diese dissoziativen Zustände gefallen.

Das heißt, dass ich das Gefühl hatte, dass ich aus vielen verschiedenen Anteilen bestehen würde. Hatte zum Beispiel einen Anteil, der war ein fünfjähriges Mädchen, das sich nicht zurechtfand und immer nur spielen wollte, oder eine alte Frau, die über alles Bescheid wusste. Eine erwachsene Frau, die nur aus Angst und Panik bestand. Und noch verschiedene andere Anteile. Ich merkte meistens nicht, wenn ich von einem Anteil in den anderen wechselte. Ich denke, meinem Umfeld ist das sicher aufgefallen. Peinlich.

Als ich nach drei Monaten, Anfang Januar 2010, die Klinik verlassen hatte, war ich nur noch müde. Das war bei vielen Menschen so, die eine längere Therapie machten. Man sagt, man ist therapiemüde. Meine Anfälle waren weniger geworden und ich hatte gelernt, mit ihnen umzugehen. Nun musste ich mich wieder zuhause einleben.

Integrieren im Alltag

Wieder zuhause hatte ich mir einiges vorgenommen: Mit der Aufmerksamkeit mehr im Hier und Jetzt sein, mehr Sachen machen, die mir Freude machten, reiten, mit unserem Hund arbeiten, nähen, basteln, malen, mehr Zeit mit meinen Kindern und Enkeln verbringen sowie ehrenamtlich in einem Altersheim mitzuhelfen, um ältere und hilfsbedürftige Menschen zu pflegen. Auch Menschen, die im Sterben liegen, zu begleiten.

Mit der Zeit in der Klinik Littenheid war ich sehr zufrieden, denn ich merkte die Fortschritte, die ich gemacht hatte und war auch froh über die tollen Leute, die ich dort kennengelernt hatte. Ich wusste, dass das nicht die einzige Zeit gewesen war, die ich in dieser Klinik verbringen würde. Der Oberarzt dort hatte mir schon am Anfang der Therapie gesagt, dass es für einen erfolgreichen Therapieverlauf mindestens zwei Aufenthalte brauchen würde. So war es klar, dass ich gegen Ende 2010 nochmal eine Therapiezeit von drei Monaten machen würde.

Es gab unterschiedliche Situationen, in denen ich Anfälle bekam. Ich war zum Beispiel bei meinem guten Freund Peter zu Besuch in Frauenfeld und wir fuhren mit meinem alten VW-Golf Cabrio, das er hergerichtet hatte, um es zu verkaufen, in der Nähe vom Krankenhaus auf eine Anhöhe, wo ein Restaurant war und wir einen gemütlichen Abend verbringen wollten. Wir tranken etwas und plötzlich zitterte ich am ganzen Körper und bekam schlecht Luft. Peter zahlte und ich lief mit Mühe und

Not zum Auto. Ich sagte dann Peter noch, dass er mich, falls ich einen Krampfanfall bekommen würde, ins Krankenhaus fahren sollte und dass sie mir dort Valium geben sollten, um den Krampf zu lösen. Ja, genau so kam es, ich verlor im Auto das Bewusstsein und mein Körper verkrampfte sich. Ich wurde auf die Notfallstation gebracht, wo ich an diesem Abend noch etwa zwölf Anfälle nacheinander hatte. Jeder Anfall ging eine halbe Stunde oder auch etwas mehr, wie mir dann am nächsten Tag mitgeteilt wurde. Peter hatte meinen Mann kontaktiert und er kam auch umgehend. Nachdem die Anfälle dann gegen ein Uhr nachts aufhörten, verbrachte ich die Nacht auf der Intensivstation.

Es kam auch einige Male vor, dass ich mit meinem Partner unterwegs war und im Auto anfing, zu krampfen. Er brachte mich jedes Mal direkt ins Krankenhaus, wo sie mir zum Entkrampfen Valium spritzten. Meistens war ich eine Nacht auf der Überwachungsstation und kam dann wieder nach Hause.

Ein anderes Mal bin ich beim Einkaufen in einem Möbelhaus zusammengefallen und die Rettung wurde gerufen. Sie wollten mich nach Feldkirch ins Krankenhaus bringen, aber da es mir wieder besser ging, lehnte ich ab und fuhr mit Rudolf wieder heim.

Einmal war ich in der Therapie bei meiner Psychologin. Als ich mich verabschiedet hatte und zur Tür raus wollte, fiel ich um und hatte einen Anfall mit Verkrampfung. Die Rettung kam und sie gaben mir Valium und ich verständigte meinen Mann, der mich abholen musste.

Auch einige Male bei meiner Hausärztin und einmal beim Zahnarzt ist mir dasselbe passiert. Immer wieder bekam ich Valium gegen die Krämpfe und fühlte mich ein paar Tage danach völlig kaputt.

Ein weiterer Anfall ereilte mich, während ich in Schaan im Tageszentrum gewesen war. Es war Sommer, ich ging die Treppe hinunter und wollte zum anderen Gebäude. Da fing ich an zu zittern und verlor das Bewusstsein. Eine Frau, die auch immer im Tageszentrum war, kam auf mich zu gerannt, um mir zu helfen. Die Rettung wurde gerufen und man brachte mich nach Grabs ins Krankenhaus. Dort kam ich wieder zu mir und verspürte einen stechenden Schmerz an meinem Hals. Ich sah dann, dass man mir am

Hals einen Zugang gelegt hatte, um das Valium zu spritzen. Das war ein ekliger Schmerz und ich war froh, als sie mich dann davon befreiten. Ja, meine Venen waren alle kaputt durch die vielen Spritzen. Ich könnte, glaube ich, ein Buch schreiben, nur gefüllt mit solchen Beispielen. So ging das Jahr um, bis ich im Oktober wieder nach Littenheid kam, um meinen zweiten Block der Therapie zu machen. Auch diesmal gab es ein Problem mit der Krankenkasse. Ich schaffte es dann zum Glück, dass die Kosten des Aufenthalts groß teils übernommen wurden. Ich wusste, dass es auch diesmal nicht einfach werden würde.

Am 11. Oktober 2010 kam ich also zum zweiten Mal in die Klinik. Ich wurde wieder freundlich empfangen und bekam Zimmer einhundertdrei und das Bett links, genau wie letztes Jahr. Sollte das ein gutes Zeichen sein? Egal, jetzt war ich da und startete voller guter Vorsätze meine Therapie. Ich fühlte mich wohl und beschützt und konnte mich gut auf die verschiedenen Therapiemethoden einlassen.

Hier ein kleiner Ausschnitt der verschiedenen Therapie-Einheiten.

1. Einheit der Maltherapie

Ich sollte ihr vom Tsunami erzählen und aufpassen, dass ich das Bewusstsein nicht verliere und im Hier und Jetzt bleibe. Das war nicht so einfach und kostete mich viel Energie. Bei meiner ersten Therapie hier in Littenheid hatte ich ein Bild gezeichnet mit einem schwarzen Dreieck. Es hatte noch keinen Hintergrund und somit war klar, was wir in dieser Stunde machen würden. Ich malte mit meinen Händen einen mintgrünen Hintergrund. Befand mich in dem Gefühl vor dem Erlebnis. Ich begann zu zittern und war am ganzen Körper verspannt.

2. Einheit der Maltherapie

Wieder hing das Bild mit dem schwarzen Dreieck und mit angefangenem mint – färbenden Rand an der Wand. Ich sollte nun ein zweites Bild daneben anfangen, das mich beruhigen würde. Fliederfarben und rund malte ich den Kreis mit meiner linken Hand mit den Fingern aus. Im Gegensatz zum Dreieck gefiel mir das Bild mit dem Kreis wesentlich besser. Ich malte den Rand weiter und wollte es in der Stunde fertigkriegen. Mit trauriger Stimmung und zittrigen Händen versuchte ich, mich ans schwarze Dreieck heranzutasten. Als ich meinen Kopf durchsetzen wollte, fing ich an zu hyperventilieren. Da zog mich meine Therapeutin von meinem Bild weg und beendete die Stunde.

3. Einheit der Maltherapie

An diesem Tag malte ich das Bild mit dem schwarzen Dreieck fertig. Es war nicht einfach und ich benötigte einige Rauchpausen, um mich abzulenken. Aber als es fertig war, war ich sehr stolz auf mich und ich spürte, dass wieder etwas erledigt war. Ja, das war ein großartiges Gefühl und ich versuchte, es tief in mir zu speichern.

4. Einheit der Maltherapie

Das war die letzte Stunde in der Maltherapie während dieses Aufenthalts. Ich entschied mich, mein Leben selbst zu bestimmen und nicht mehr vom Tsunami bestimmen zu lassen! Ich machte dann noch das Bild fertig. Zuerst hatte ich große Mühe, aber ich versuchte, es mit einem freundlichen Gesicht zu schaffen. Und jaaaa, ich habe es dann geschafft.

Therapiestunde mit meiner Therapeutin

In dieser Therapiestunde erzählte ich viel vom Tsunami. Von dem Moment an, wo das Wasser kam, bis zum nächsten Tag, als wir zum Flughafen Phuket wollten. Es war für mich extrem anstrengend, bei der Sache zu bleiben. Ich war überfordert mit dem ganzen Gefühlschaos. Meine Therapeutin machte mit mir zwischendurch EMDR, um mich am Boden zu halten. EMDR, das ist die Abkürzung von „Eye Movement Desensitization and Reprocessing", ist eine Behandlungsmethode der Posttraumatischen Belastungsstörung, die oft in der Trauma-Therapie eingesetzt wird. Ich weinte nur noch und stotterte beim Sprechen. Als die Therapiestunde zu Ende war, meinte sie, dass ich heute sehr viel geschafft hätte. Ja, wir waren außergewöhnlich weit gekommen. Ich hatte das Gefühl beim Erzählen, als würde ich das Ganze immer und immer wieder neu erleben. Ich hatte auf einmal aufgehört zu atmen und zitterte nur noch. Dann: Stopp! Ich konnte einfach nicht mehr! Ich nahm dann am Ende der Stunde eine Temesta, eine Beruhigungstablette, und schlief anschließend zwei Stunden. Nachher nahm ich noch eine Valium-Tablette, um mich zu beruhigen. Ich wusste, dass ich in der Klinik war, aber meine Gedanken und meine Gefühle hüpften zwischen meinem wahren Aufenthaltsort und meinen Erinnerungen hin und her.

Der Tsunami war für mich wie ein Vogel, den ich nicht einfangen konnte und der immer um mich herumflog.

Therapiestunde

Wir fingen noch einmal von vorne an. Ich begann mit dem Erdbeben. Ja, ich musste alles genau erzählen. Da wurde mir zum ersten Mal bewusst, dass, als das erste Mal das Wasser kam und mein Partner „Lauf!" schrie, der entscheidende Moment war, ob ich überleben würde oder nicht. Nach den letzten sechs Jahren wurde mir das in dieser Therapiestunde zum ersten Mal so richtig klar. Und ich wusste nicht, ob ich jetzt froh darüber sein sollte oder nicht. Ich spüre deutlich in mir diese Überlebensschuld. Das bedeutet, dass ich gerne einem Kind, das dort gestorben war, mein Leben geschenkt hätte, sodass eine Familie wieder komplett wäre. Ich weiß, das hört sich seltsam an, denn meine Familie war ja froh, dass ich den Tsunami überlebt hatte. An diesem Gefühlschaos merkte ich, das etwas mit mir nicht stimmte. Mir wurde auch bewusst, dass mir der Teil zwischen der panischen Flucht und dem Moment, als wir plötzlich auf der anderen Seite des Hotels, auf einer der erhöhten Stufen beim gegenüberliegenden Gebäude, waren, völlig fehlte. Blackout!

Dieser Teil fehlte mir gänzlich. Durch das Weitererzählen wurde mir auf einmal klar, dass ich noch mehr von diesen Blackouts hatte, denn der Ablauf meiner Geschichte passte nicht zusammen. Hilfe, ich war sehr geschockt und fragte mich, was wohl in dieser Zeit passiert war. Wieviel Erinnerungslücken hatte ich noch, von denen ich nichts wusste? Warum merkte ich erst sechs Jahre später, dass ich mehrere dieser Blackouts hatte? Unsicherheit, Angst, Trauer, Verwirrtheit und eine depressive Stimmung machten sich nach dieser Erkenntnis in mir breit.

Gespräch mit meiner Physiotherapeutin

In dieser Therapiestunde hatten wir ein super-gutes Gespräch. Wir sprachen diesmal nicht so viel über den Tsunami, sondern über mein Leben von der Kindheit bis ins Erwachsenenalter. Mir wurde dadurch auch sehr stark bewusst, wieviel ich in meinem Leben bereits geschafft und erreicht hatte. Meine nächste Aufgabe würde sein, das Zeitgefühl von 2004 bis 2010 zu unterscheiden und zu spüren. Ich hatte zwei Fotos von der gleichen Stelle, da wo das Wasser gekommen war. Einmal fotografiert, einen Tag nach dem Tsunami und ein Foto hatte mein Partner gemacht, als er wieder nach Phuket gereist war, ich glaube, das war im Jahr 2010. Ich nahm mir fest vor, die beiden Fotos nebeneinander einzukleben und die dazu gehörigen Gedanken und Gefühle zu notieren.

Phuket vor unserem Hotel 2004. Ich verspüre ein Gefühl von Hilflosigkeit. Ich kann mich nicht weiter auf das Bild einlassen, denn es nimmt mir den Atem.

Phuket vor unserem Hotel 2010. Ein seltsames Gefühl, das neu errichtete Gebäude zu sehen. Auch auf dieses Bild kann ich mich nicht weiter einlassen.

Nach einem ziemlich anstrengenden Therapietag fiel ich in eine tiefe Traurigkeit. Ich machte dann einen Spaziergang zum alten Friedhof und sah mir die alten Gräber an. Danach saß ich lange auf der Mauer und spielte auf meiner Mundharmonika. Als ich zurücklief, war mein Körper schon sehr geschwächt. Kurz vor dem Eingang Waldegg A sackte ich zusammen und wurde mit einer Trage in mein Zimmer gebracht.

Gespräch mit meiner Physiotherapeutin

In der nächsten Einheit musste ich das ganze Erlebnis von dem Moment an, wo wir das erste Mal vom Wasser weggelaufen waren, noch einmal erzählen. Ich hatte große Angst davor, wie mein Körper darauf reagieren würde. Es ging zu meinem Erstaunen besser als bei der letzten Sitzung. Ich musste aber bei der Stelle, wo wir am nächsten Morgen wieder zum Hotel zurückkamen und das ganze Ausmaß der Verwüstung erkannt hatten, stoppen. Da musste ich aufhören, weil mir plötzlich alles zu viel wurde. Ich verspürte Erleichterung darüber, dass die Sitzung so gut gelaufen war. Danach war ich total kaputt und brauchte ein Schläfchen, um mich zu erholen.

Genusstherapie

Wieder mal war mein Körper auf „Achtung!" und meine Atmung ging viel zu schnell. Ich wollte die Genusstherapie absagen, aber meine Therapeutin meinte, ich solle es probieren, ich könne ja jederzeit wieder gehen. Ich setzte mich und hörte den verschiedenen Tönen zu. Als sie dieses Geräusch machte, das sich anhörte, wie wenn sich Sand mit Meerrauschen vermischt, triggerte mich dies sofort extrem. Ich war auf einmal nicht mehr ansprechbar und verlor das Bewusstsein. Ich wurde mit dem Rollstuhl in mein Zimmer gebracht, wo ich mich ausruhen konnte. Auch die nächsten Tage litt ich immer wieder unter extremem Zittern mit schneller Atmung. Und zwischendurch bekam ich Panikattacken. Drei bis vier Anfälle hatte ich dann in den folgenden Tagen.

Stabilisierungsgruppe

Die Stunden in der Stabilisierungsgruppe taten mir sehr gut. Wir machten eine Imaginations-Übung mit den inneren Helfern. Ich befand mich in einem kleinen Raum am Dachboden und darin war ein großer runder Tisch. Verschiedene Anteile kamen zur Unterstützung der Lösungsfindung. Eine meiner Fragen war: Wie konnte ich mich gefühlsmäßig mehr vom Tsunami-Erlebnis lösen? Nach kurzer Diskussion bekam ich die Antwort, die ich schon vorher in Betracht gezogen hatte. Somit erhielt ich nochmals die Bestätigung, dass ich auf dem richtigen Weg war. Ich sollte die beiden Fotos von 2004 und 2010 mit Kommentaren versehen.

Musiktherapie

In der Musiktherapie arbeiteten wir immer wieder mit der „Ocean Ocean Drum", dem Regenrohr. Wenn man dieses lange Rohr, das, glaube ich, mit Reis gefüllt war, bewegte, gab es ein Geräusch, das sich wie rinnendes Wasser anhörte. Ich verspürte den Wunsch, es einmal ganz umzudrehen und das Geräusch mit etwas Angenehmen zu verbinden. Zum Beispiel eine Legokiste ausleeren, Knöpfe in einem Gefäß hin und her zu schwenken oder Ähnliches. Gitarren-Musik dazu war perfekt. Ich merkte, dass ich während dieses Geräusches nicht atmete. Versuchte es immer wieder, aber es gelang mir nur schwer, mich zu konzentrieren. Mein ganzer Körper war angespannt und zitterte. Immer wieder blieb ich mit meinen Gedanken beim Tsunami-Erlebnis hängen. Stolz, aber kaputt ging ich zurück zur Station. Ich hatte, während des Laufens das Gefühl, dass ich jeden Moment in Ohnmacht fallen würde. Ich versuchte, mich abzulenken und tief durchzuatmen, so kam ich dann gut auf der Station an. Dort nahm dann eine Valium-Tablette ein und erholte mich nach und nach.

Gespräch mit meiner Bezugsperson

Ich sollte eigentlich ein Standort – Gespräch führen, aber meine Psychologin war krank. Wir machten dann mit den vier Säulen weiter.

1. Säule: Ablenkung
2. Säule: Soziales Netzwerk
3. Säule: Arbeit und Leistung
4. Säule: Tagesstruktur, Energie verteilen

TZI-Gruppe

TZI bedeutet Themenzentrierte Interaktion. Wir stellen uns die Frage: Warum reagiert jeder anders, obwohl man das Gleiche erlebt hat? Es handelt sich um ein komplexes Zusammenspiel von verschiedenen Faktoren.

Risikofaktoren:
Persönlichkeit
Rucksack (was trägt jeder im Rucksack für Probleme von früher mit)
Alter
Schweregrad und Menge des Traumas
Bindungserfahrung
Geschlecht
Persönliche Einstellung
Keine Erfahrung mit traumatischen Erlebnissen
Kein unterstützendes Umfeld

Resonanzfaktoren:
Dazu zählen Menschen, die mich als Kind nicht verstanden hatten und mit denen die Beziehung schwierig war. Es gibt Menschen, die einen sofort verstehen und andere, mit denen kommt man nicht auf einen gemeinsamen Nenner.

Wenn man gelernt hat, mit Gefühlen umzugehen, macht es das einem viel leichter, schwierige Erlebnisse zu verarbeiten. Ob man eher positiv oder negativ eingestellt ist, macht ebenfalls viel aus.

11. November 2010 –
Einblick in einen Tag in der Klinik

Früh morgens klopfte es an der Türe und jemand rief herein: „Aufstehen!" Oh, ich war noch voll müde, weil ich in der Nacht nicht gut geschlafen hatte. Ich hoffte, dass ich vielleicht am Nachmittag Zeit haben würde, etwas zu schlafen. Mal schauen. Nach dem Frühstück war „Recycling Ergo" auf dem Programm. Das heißt, dass man aus gebrauchten Sachen etwas basteln sollte. Ja, das war voll mein Ding. Ich hatte einen alten Beauty-Koffer vom Dachboden geholt und ihn violett angemalt. Es sollte ein Überraschungskoffer für meine Enkelin werden.

Nach dem Mittagsessen machte ich eine Schwarzwälder Kirschtorte für den Nachmittags-Kaffee. Ich musste um halb zwei fertig sein, weil ich dann noch Genussgruppe hatte. Von der Genussgruppe ging ich etwas früher weg, so konnte ich mich hinlegen und Schlaf nachholen. Meine Torte wurde ein voller Erfolg und war schnell gegessen.

Am Abend machten wir ein Lagerfeuer und saßen alle rundherum. Wir tranken Tee und machten Musik mit verschiedenen Instrumenten, Trommeln und auch unterschiedlichen Gegenständen, die Töne machten. Ich hatte auch meine Mundharmonika dabei und versuchte, ein Lied zu spielen. Asko, ein Therapeut von mir, hatte eine Trommel mit Metallringen dabei, die mich total triggerte. Er hatte auch einen Ballon mit, auf den jeder etwas draufschreiben konnte. Ich schrieb: 26.12.2004. Das Ganze berührte mich so sehr, da man in Thailand solche Ballone für die Menschen, die beim Tsunami ums Leben gekommen waren, in die Höhe steigen hat lassen – nach dem Motto „für jede Seele ein Licht". Die Tränen liefen mir übers Gesicht und ich verfiel in eine wahnsinnige Trauer.

Die ganzen Gefühle und Bilder waren wieder da und ich konnte mich nur langsam beruhigen. Es fing dann später an zu regnen und wir gingen zur Station zurück. Dort nahm ich ein Medikament zur Beruhigung ein und verkroch mich in meinem Zimmer.

Anfang Januar 2011 schloss ich die Trauma-Therapie sehr zufrieden ab und konnte die Klinik verlassen.

Jede einzelne Methode während der Therapie hatte mir geholfen, mich mehr auf mich zu konzentrieren und mich vom Tsunami und allem, was so dazu gehörte, zu distanzieren. Es war zum Teil so anstrengend, dass ich einige Male daran gedacht hatte, die Trauma-Therapie wieder abzubrechen. Doch das wäre eine Flucht gewesen, die mich später immer wieder an den gleichen Punkt zurückgebracht hätte. „Also: Augen zu und durch!", dachte ich mir. Auch mein Partner unterstützte mich sehr und redete mir zu, dass ich unbedingt weitermachen sollte, denn die Trauma-Therapie in Littenheid war bisher die Einzige, die mir etwas gebracht hatte. Nach dem Aufenthalt dort hatte ich wieder Hoffnung, aus dem Ganzen wieder herauszukommen und annähernd ein normales Leben zu leben.

Im Oktober 2011 war dann mein zweiter Enkel auf die Welt gekommen. Das hatte mir auch wieder neuen Mut gegeben, meinen Kampf nicht aufzugeben. Meine Enkelkinder sind meine Sterne und meine Diamanten, die mein Leben jeden Tag aufs Neue bereichern.

An einem Nachmittag ging es mir nicht so gut und ich versuchte, mich mit einer Mediation abzulenken. Ich legte mich hin und begann meine Reise mit den Engeln.

Reise mit meinen Engeln

Ich legte mich auf eine wunderschöne flauschige Wolke und genoss es, mich, begleitet von beruhigender Musik, mehr und mehr zu entspannen. Um mich versammelten sich viele Engel in einfachen, weißen Gewändern. Sie hoben die Wolke sanft an und mit einem Lächeln, das sich so überwältigend beruhigend und geborgen anfühlte, sagten sie mir, dass sie mich auf eine Reise, meine Reise, mitnehmen und begleiten würden.

Es war wie in einem Traum, bei dem man möchte, dass er nie aufhört und trotzdem war ungewiss, wo es mich hinführen würde. Plötzlich, so, dass es mir fast nicht sofort bewusst war, liefen viele, viele einzelne Bilder an meinen Augen vorbei.

Mein ganzes Erlebnis vom Tsunami in tausenden Bildern. Ich saß nur da und ließ es geschehen. Ich empfand so eine sonderbare, aber angenehme Ruhe mit mir selbst. Ich glaube, ich konnte so etwas wie Frieden schließen, womit auch immer.

Zu diesem Zeitpunkt war mir das gar nicht so bewusst, ich fühlte einfach nur und ließ alles geschehen. Nach einer kurzen Zeit, keine Ahnung, wie lange, war es mir möglich alle Menschen, die den Tsunami miterlebt und überlebt hatten, aber auch all die Seelen, die diese irdische Welt verlassen hatten, mit meiner ganzen Liebe zu umarmen und zu segnen.

Eine geheimnisvolle, fantastische und warmherzige Ruhe durchströmte mein ganzes Ich.

Anschließend sah ich das ganze Ausmaß des Tsunamis, all die betroffenen Länder und Menschen und deren Schicksale, vor mir und auch das konnte ich mit meiner unendlichen Liebe umarmen und segnen. Das war etwas Großes für mich und ich war unendlich dankbar, nach dieser schweren Zeit vom sechsundzwanzigsten Dezember 2004 bis jetzt, so empfinden zu können.

Meine Reise ging noch weiter und so befand ich mich plötzlich auf einem schneeweißen Pferd. Es war so wunderschön, ich konnte es kaum glauben. Es fühlte sich so weich an und ich fühlte mich geborgen und behütet.

Es galoppierte mit mir einen weißen Strand entlang und ließ mich spüren, dass mir nichts passieren konnte. Ich spürte die große Stärke in mir, die es mir schenkte. Wir ritten über Wiesen und Felder bis hin zu einem Wald.

Ich bedankte mich, stieg vom Pferd und spürte ein Bedürfnis, die alte, weise Frau zu suchen. Intuitiv folgte ich dem richtigen Weg, bis ich sie vor einem kleinen Haus stehen sah. Ich näherte mich und fühlte mich willkommen, gerade so, als ob sie schon lange auf mich gewartet hätte.

Wir gingen zusammen ins Haus, wo mich allerlei Arten von Tieren begrüßten. Alles war so harmonisch und friedlich. Im Kamin brannte ein kleines Feuer und alle Tiere setzten oder legten sich vor die Füße der alten, weisen Frau.

Ich legte mich auf ein altes, aber sehr gemütliches Sofa, das mit vielen Kissen und Decken bedeckt war, und hatte das Gefühl, endlich zu Hause zu sein. Zu Hause, wo ich nicht denken musste, ob alles gut war, so, wie es war, und ich mich tief ins Sofa fallen lassen konnte, ohne, dass meine Gedanken irgendwo herumkreisten.

Mit ganz sanftem Flügelschlag kamen viele wunderschöne weiße Tauben zu mir und setzten sich auf mich und um mich herum. Für mich war das ein Gefühl von absolutem Frieden und von Freiheit.

Ich verharrte sehr lange in dieser wunderbaren Ruhe. Dann fragte ich die weise, alte Frau, die gemütlich in ihrem Stuhl saß, mit ihrem weißen, langen und zerzausten Haar und ihrem alten gemütlichen Kleid: „Was ist meine Aufgabe in diesem irdischen Leben, was habe ich hier Wichtiges zu vollbringen?" Ich denke, das fragt sich wohl jeder im Laufe seines Lebens.

Plötzlich sah ich mich in einem schönen, langen, einfachen Kleid dastehen. Auf meiner Stirn hatte ich einen großen durchscheinenden Stein, der aussah wie ein Diamant. Gehalten wurde er von einem weißen Band um meinem Kopf. Er strahlte so viel Licht aus, dass der ganze Raum erhellt war.

Die weise, alte Frau sagte mir, dass es meine Aufgabe sei, den Menschen zu helfen und sie zu heilen. Es kam mir so bekannt vor, denn das war das, was ich schon die ganze Zeit gespürt gehabt hatte. Ja, jetzt war es klar, das ist meine Aufgabe, die ich mit meiner ganzen Liebe verrichten möchte!

Ein Wolf, auch schneeweiß und mächtig, stellte sich nah an mich, an meine rechte Seite. Er gehörte ab jetzt zu mir und würde mich immer begleiten. So verabschiedete ich mich von der weisen, alten Frau, bedankte mich und zog mit meinem Wolf an meiner Seite weiter.

Auf einmal war vor mir eine geöffnete Türe, aus der grelles Licht schien. Ich war mir nicht sicher, was ich tun sollte. War sie bestimmt zum Hineingehen oder war das eine Falle? „Ach", dachte ich mir, „ich bin ja auf der Reise zum Entdecken!" und ging hinein. Ich merkte, dass ich fiel, immer tiefer, bis ich sanft auf einer schönen Wiese landete. Es kam mir vor, als wäre ich weit weg und bekam kurze Zeit nichts mit. So empfand ich es. Als ich wieder zu mir kam, lächelte ich total glücklich. Vor mir sah ich das Gesicht von meiner Enkelin, wie sie mich anstrahlte mit ihren leuchtenden Augen. Aus ihrem Gesicht strahlte mich so unendlich viel Liebe an, genauso, wie ich für sie empfinde, dass ich gar nicht mehr aufhören konnte, zu lächeln. Ich hoffe, dass ich dieses Glücksgefühl nie wieder in meinem Leben vergessen werde.

Dann kamen die vielen wunderbaren weißen Tauben wieder zu mir und legten mich zurück auf meine weiße Wolke. Als ich zu mir kam, spürte ich meinen irdischen Körper auf der Wolke und meine Seele war hier. Ich schloss nochmal meine Augen und nach ein paar tiefen Atemzügen waren mein Körper und meine Seele wieder vereint.

Wow, das war eine Reise gewesen, die alles übertraf, was ich bisher erlebt hatte. Auch, dass ich meinem Krafttier, dem Wolf, begegnen konnte, war für mich unglaublich wertvoll.

Vielen herzlichen Dank für diese, bisher alles übertreffende, Reise und die Klarheit und Ruhe, die ich daraus mitnehmen durfte.

20. Januar 2012 – Reise zurück nach Thailand

Im Herbst 2011 beschlossen meine Nachbarin und ich, eine Reise nach Thailand zu machen. Ich hatte schon lange mit dem Gedanken gespielt, wieder nach Thailand zu reisen. Ich wollte zuerst nach Phuket, dahin, wo sich alles abgespielt hatte. Doch ich konnte nicht, weil mir das Ganze Erlebnis von damals noch viel zu Nahe war, und entschied mich dazu, in Hua Hin eine Bekannte zu besuchen, die von der Schweiz aus dorthin ausgewandert war. Ja, meine Gefühle spielten verrückt, aber ich war voller Hoffnung, dass alles gut gehen würde. Am zwanzigsten Januar 2012 flogen wir von Zürich nach Bangkok. Ich weiß es noch genau, wie sich das anfühlte! Eine tiefe Angst, Schweißausbrüche und Panikschübe begleiteten mich auf diesem Flug. Ich nahm dann eine Tablette zur Beruhigung. Als ich zur Toilette gehen wollte, sackte ich zusammen.

Ich bekam nichts mehr mit und als ich erwachte, lag ich auf einer Liege nahe bei der Toilette. Wir kamen schließlich gut in Bangkok an. Es war ein seltsames Gefühl durch den Flughafen in Bangkok zu laufen und meine Erinnerung an die Vergangenheit war wieder voll präsent.

Wir fuhren dann zu unserem Hotel und bezogen unser Zimmer. Nach einer kurzen Ruhephase machten wir uns auf den Weg, um Bangkok zu erkunden. Dadurch, dass ich schon mal dort gewesen war, kamen mir viele Sachen schon bekannt vor. Wir waren zum Teil zu Fuß und zum Teil mit diesen Tuk-Tuks unterwegs. Ja, das hat Spaß gemacht, wie die mit uns herumfuhren. Wir verbrachten drei schöne Tage in Bangkok und hatten viel Neues gesehen. Vor allem für meine Nachbarin, die das erste Mal dort war, war das alles neu und aufregend. Noch heute sprechen wir viel darüber und amüsieren uns über die Erinnerungen.

Am vierten Tag nach dem Frühstück holte uns eine Kollegin von meiner Bekannten, die in Hua Hin wohnte, ab und wir fuhren zu unserem nächsten Stopp, dem Hotel, das wir in Hua Hin gebucht hatten. Etwa eine gute Stunde waren wir unterwegs.

Das Hotel war sehr schön groß und alles sah sehr gepflegt aus. Wir hatten unser Zimmer in der Nähe vom Restaurant im obigen Stock. Wir hatten keinen Meerblick, denn das Zimmer war ein Stück weg vom Strand. Ich war froh und genoss zwischendurch die Atmosphäre auf unserem Balkon. Rundherum gab es Palmen und Sträucher, die in voller Blütenpracht waren. Wir erkundeten das Hotel und die Anlage und spazierten auch zum Strand. Ein seltsames Gefühl überkam mich und ich ertappte mich dabei, dass ich alles ganz genau beobachtete: Das Meer und den Horizont, auch die Vögel und andere Tiere, die am Strand waren. Denn solange die Tiere in Strandnähe waren, sagte mir meine Erfahrung, war alles in Ordnung.

Wir verbrachten ein paar großartige Tage in diesem Hotel. Wir waren eigentlich hauptsächlich am Pool, denn dort fühlte ich mich einigermaßen sicher. Ich hatte schon zwischendurch die unangenehmen Gefühle, aber die behielt ich mit Medikamenten und Ablenkung gut im Griff. Einmal, als wir zum Meer runter gingen, fand dort gerade eine Hochzeit statt. Alles war schön geschmückt mit Blumen und Palmen. Der Bräutigam stand unter dem Bogen mit dem Standesbeamten.

Alle waren gespannt und warteten auf die Braut. Ich konnte mich dadurch so gut ablenken, dass ich gar nichts anderes mehr studierte. Auf einmal die große Überraschung: Die Braut und der Brautvater kamen auf einem riesigen Elefanten daher geritten. Der Elefant war mit schönen Teppichen und wunderschönen Blumen geschmückt. Ich war so berührt, dass mir die Tränen kamen.

Es kam mir auch kurz der Gedanke: „Wenn jetzt das Wasser kommt, ist die ganze Hochzeit mit den vielen Menschen in großer Gefahr." Nein, dachte ich wieder und diskutierte mit mir selbst.

An einem Tag buchte ich mit meinen Bekannten für den nächsten Tag einen Bootsausflug zu den Mangroven. Sie holten mich am Vorabend ab, weil wir schon früh loswollten. Wir hatten einen gemütlichen Abend zusammen mit einem feinen Abendessen und guten Gesprächen. Ich verzog mich dann in ihr Gästezimmer, in dem ich schlafen konnte. Ich nahm meine Abend-Medikamente und versuchte, zu schlafen. Keine Chance, denn es kreiste in meinem Kopf herum, was mich da am nächsten Tag erwarten würde. Ich wälzte mich hin und her und kam schließlich auf die Idee, dass ich einen Brief an den Tsunami schreiben und ihn per Flaschenpost aufs Meer rauswerfen könnte. So schrieb ich diesen Brief.

Brief an den Tsunami vom 26. Dezember 2004

Ich stand damals am Strand in Phuket, als du mit voller Wucht auf den Phatong Beach knalltest. Dank meinem Schatz Rudolf konnte ich dir entkommen. Etwa 500 Menschen am Strand dort hast du das Leben genommen. Dank dir hat sich mein ganzes Leben verändert. Zum Guten und teilweise auch zum Schlechten. So vielen Menschen hast du so viel Leid zugefügt. Ich weiß, die Menschen zerstören die wunderbare Natur. Ich möchte mich für all diejenigen entschuldigen und hoffe, dass in Zukunft die Menschen endlich erwachen. Jetzt, am 20. Januar 2012, habe ich es endlich geschafft, wieder nach Thailand zu reisen. Mehr als 7 Jahre später ist mir klar geworden, dass ich dich nie wiedersehen werde und das ist gut so. Ich danke meiner Familie, besonders meinem Schatz, meinen Freunden und allen, die dazu beigetragen haben, dass es mir heute einigermaßen wieder gut geht und ich mit diesem schrecklichen Trauma gelernt habe, umzugehen. Am 12. Februar 2012 habe ich diesen Brief ins Meer geworfen und somit das Thema Tsunami abgeschlossen. Finder bitte zurückschicken.

Am nächsten Tag machten wir uns auf den Weg zu den kleinen Booten, im Gepäck hatte ich den Brief an den Tsunami. Ich hatte auch eine Plastikflasche mitgenommen für die Flaschenpost. Sobald wir ein Stück auf dem Meer wären, wollte ich die Flaschenpost hineinwerfen. Wir starteten mit dem Boot durch die Kanäle, die in die Mangrovenwälder führten. Diese wunderbare Natur mit den vielen verschiedenen Tieren war beeindruckend. Wir sahen vor allem Vögel mit den unterschiedlichsten schönen Farben. Ich wartete immer noch auf den geeigneten Moment, meine Flaschenpost zu hinterlassen. Dadurch, dass wir nicht aufs offene Meer fuhren, sondern nur entlang der Mangroven, konnte ich die Flasche jedoch nicht ins Wasser werfen. Ich nahm den Brief dann wieder mit und legte ihn bei meinen Erinnerungsfotos an den Tsunami ab. Es war gar nicht schlimm, dass ich den Brief noch hatte. Ich merkte, dass es sich gut angefühlt hatte, ihn zu schreiben und auch guttat, ihn bei Gelegenheit immer wieder mal zu lesen.

Mein guter Freund aus Chang May mit seiner Mutter und ihrer Kollegin, besuchten uns dann für drei Tage in Hua Hin. Ich freute mich riesig, Ihn wiederzusehen und seine Mutter mit Freundin kennenzulernen. Drei wunderbare Tage verbrachten wir zusammen. Wir machten einen Ausflug zu den Affen, die in einem buddhistischen Kloster wohnten. Oh, da freute ich mich, denn ich liebe die Affen. Auch einen gemütlichen Tag am Strand, in der Nähe des Hotels, in dem Mike abgestiegen war, hatten wir geplant. Wir trafen uns dort und zunächst war ich völlig entspannt.

Auf einmal fing ich an zu zittern und mein Atem ging viel zu schnell. Ich verlor dann das Bewusstsein und fiel um. Mein guter Freund erzählte mir später, dass viele Leute schauen gekommen waren und auch jemand die Rettung gerufen hatte. Keine Ahnung, wer. Als ich zu mir kam, beugte sich ein Sanitäter über mich und prüfte meinen Puls. Ich hörte im Hintergrund, wie jemand sagte, dass sie mich ins Krankenhaus bringen sollten. Ich rief nur: „Nein, nicht ins Krankenhaus!" und nahm eine Notfall-Tablette zur Beruhigung. Die Sanitäter fuhren dann wieder ab und ich merkte, dass ich auf einer Liege lag. Jemand fragte mich, wie es mir ginge und ich erkannte, dass es mein guter Freund war. Er rief dann eine der Masseurinnen, die am Strand Fußmassagen anboten, und bat sie, mir für eine Stunde die Füße zu massieren. Das tat mir gut und ich kam immer mehr zu mir. Am nächsten Morgen frühstückten meine Freunde mit uns in unserem Hotel und danach verabschiedeten wir uns, denn sie fuhren zurück nach Chang May. Einige Tage später bestellten wir uns ein Taxi, da wir im Zentrum einkaufen wollten. Bevor der Wagen kam, fiel ich in der Lobby um. Wieder dasselbe Theater. Ich wurde ohnmächtig und kam erst nach einer gewissen Zeit zu mir. Auch diesmal hatte mir meine Nachbarin später erzählt, kamen viele neugierige Leute und schauten zu. Es war mir so peinlich und ich weinte dann nur noch. Den Ausflug ins Zentrum verschoben wir. Ich legte mich dann etwas hin und schlief. Meine Nachbarin machte es sich in der Zwischenzeit am Pool gemütlich.

Ich wollte unbedingt ein positives Erlebnis vom Strand mit nach Hause nehmen. Also erkundigte ich mich, ob man am Strand irgendwo reiten könnte. Mir wurde gesagt, dass es am Meer beim Zentrum Pferde gäbe und man dort auch reiten könne. Für meine Nachbarin war das nichts, darum rief ich meine Kollegin, die in Chang May wohnte, an und fragte sie, ob sie mitkommen würde. Sie willigte ein und wir trafen uns dort am Strand bei den Pferden. Es gab Pferde in verschiedenen Farben und weil ich so begeistert war von Schimmeln, wählte ich das weiße Pferd Nummer sieben. In Begleitung des Besitzers der Pferde ritten wir los. Am Anfang war ich vorsichtig und bemühte mich, nicht zu schnell zu werden. Doch bald hatte ich ein super Gefühl auf dem Pferd und so galoppierte ich an. Ich galoppierte den ganzen Strand entlang, etwa eine halbe Stunde, zum Teil auch freihändig und juchzte laut vor Freude und ritt dann wieder eine halbe Stunde zurück. Die Leute am Strand, die mich sahen und hörten, freuten sich mit mir und winkten mir zu. Als wir wieder zurück waren, fragte ich nach dem Namen des Pferdes. Der Besitzer sagte, es hieße „Lio". Ich dachte, ich hätte ihn falsch verstanden, und fragte noch einmal nach. Doch, ich hatte es richtig verstanden, es hieß Lio. Mein wunderbarer Schimmel trug denselben Namen wie mein zweiter Enkel! So viele Zufälle konnte es nicht geben und ich empfand das ganze Erlebnis als ein Geschenk von meinen Engeln.

Es war wie in einem Traum, reine Magie lag in der Luft – mit einem weißen Pferd namens Lio, einem schönen Sandstrand mit durchsichtig schimmerndem Wasser und das alles erlebte ich im Galopp.

Da war es, das positive Gefühl vom Strand, das ich brauchte und mir so guttat.

Wir genossen dann noch die restlichen Tage in Hua Hin und fuhren mit vielen Erlebnissen im Gepäck nach Hause. Wir wurden von Rudolf am Flughafen erwartet und alle, meine Familie und Freunde, wollten alles genau wissen, wie es gelaufen war in Thailand. Obwohl wir nicht in Phuket gewesen waren, war ich stolz auf mich, die Reise gemacht zu haben.

Der Rest des Jahres verlief ganz gut. Die Anfälle waren nicht weg, aber viel weniger geworden. Durch die Therapien bei meiner Psychologin und meinem Psychiater und mit den richtig eingestellten Medikamenten, konnte ich beinahe ein normales Leben, leben. Doch trotzdem hatte ich zwischendurch immer wieder mal einen dieser Anfälle.

Im Mai 2013 machte ich mit meiner Mutter einen dreitägigen Ausflug mit einer Reisegesellschaft nach Salzburg. Ich wollte ihr eine Freude machen, denn sie ist ein großer Fan von Hansi Hinterseer. Am Freitagabend gab es ein Konzert von ihm in der Nähe von Seefeld. Ja, sie freute sich sehr. Sie stand ganz vorne an der Bühne und Hansi Hinterseer war für sie fast zum Greifen nah. Ich beobachtete sie und mir kamen die Tränen, als ich sah, wie sehr sie sich freute. Es gab bei diesem Ausflug noch einige andere Höhepunkte wie ein Besuch auf Gut Aiderbichl, eine Schifffahrt auf dem Wolfgangsee und ein weiteres Konzert am Samstagabend, in der gleichen Halle, in der wir schon am Freitagabend gewesen waren.

Leider regnete es drei Tage durch und es war geplant, dass wir am Sonntag nach dem Frühstück heimfahren würden. Es kam mir nicht ein Gedanken daran, dass etwas nicht stimmte und ich mir Sorgen machen müsste. Am Sonntag früh packten wir unsere Sachen und gingen zum Frühstück. Danach trugen wir unsere Koffer in die Lobby und warteten, bis unser Bus kam.

Der Reiseleiter informierte uns dann, dass wir unsere Heimreise jetzt nicht antreten konnten, da es überall Überschwemmungen und Erdrutsche gegeben hatte. Man müsse abwarten, ob wir später fahren würden können oder vielleicht erst am nächsten Tag. Wie ein Stich ins Herz traf mich diese Aussage und ich stand regungslos da. Der Gedanke, dass wir umgeben waren von Hochwasser und Erdrutschen, ließ meinen Atem stocken. Meine Mutter meinte, ich solle mich oben etwas hinlegen und sie würde mich rufen, sobald es etwas Neues gäbe. Ich ging dann mit meinem Koffer auf mein Zimmer zurück, nahm eine Valium-Tablette und wollte etwas schlafen. Doch ich konnte trotz des Medikaments nicht abschalten und schaute zum Fenster raus, wo es in Strömen regnete. Als ich noch zwei Valium zu je fünf Milligramm genommen hatte, konnte ich etwas schlafen und zur Ruhe kommen. Dann wachte ich wieder auf, nahm wieder Medikamente und schlief wieder kurz. So ging das den ganzen Nachmittag bis zum Abend. Meine Mutter war mit unseren Mitreisenden im Restaurant und vertrieb sich die Zeit mit Kartenspielen. Sie kam immer wieder zu mir ins Zimmer, um zu sehen, wie es mir ging. So auch etwa um achtzehn Uhr und da meinte sie dann, ich solle doch mit hinunterkommen und etwas essen. Ich hielt das für eine gute Idee. So zog ich mich an und ging runter ins Restaurant. Dort saß ich da wie benebelt und bestellte mir etwas. Als das Essen kam, nahm ich ein paar Bissen und fing wieder an zu zittern. Mein Körper fühlte sich schwach an und meine Atmung war viel zu schnell. Ich spürte, dass ich mich hinlegen müsse und wollte auf mein Zimmer. Die anderen erzählten mir später, dass ich auf dem Boden im Gang lag und hyperventilierte. Sie riefen die Rettung, weil sie nicht wussten, was sie hätten tun können. Der Rettungsdienst kam und nahm mich mit ins nächstgelegene Krankenhaus. Ich kam am nächsten Morgen etwa um halb sieben zu mir und fragte, wo ich sei. Mir wurde erklärt, was passiert war und dass ich zwei Dörfer vom Hotel entfernt im Krankenhaus lag. Ich sagte dann, dass ich gehen müsse, denn der Bus würde heute Morgen nach Hause fahren. Man bestellte mir ein Taxi und ich fuhr zum Hotel zurück. Mir war schwindelig und schlecht und ich fühlte mich schlapp. Ich konnte kaum richtig denken und das Laufen fiel mir schwer. Es ging mir so schlecht, dass ich mich fragte, was man mir wohl im Krankenhaus gegeben hatte. Noch nie zuvor war mir so übel gewesen und hatte ich mich so schwach gefühlt, wie nach diesem Anfall. Die anderen hatten im Hotel schon gefrühstückt und dann ging es los, Richtung nach Hause. Ich kann mich an diese Heimfahrt nicht erinnern, denn es ging mir so schlecht und ich hatte immer wieder völlige Erinnerungslücken.

Wir waren so um den späteren Nachmittag endlich zuhause und ich schlief dann nur noch. Ich hatte mit meiner Freundin Ferien in Kreta gebucht und der Abflug war schon zwei Tage später. Mein Umfeld meinte, ich solle die Ferien absagen. Doch es ließ mir mein Kopf nicht zu, denn ich wusste, dass es mir nach ein paar Tagen wieder besser gehen würde – das hoffte ich zumindest –, und ich es bereuen würde, wenn ich nicht fahren würde. Also öffnete ich meinen Koffer und legte ihn in mein

Zimmer. Dann ruhte ich mich wieder aus, packte wieder etwas ein, wieder Pause, packte wieder etwas ein und machte wieder Pause. So ging das die ganzen zwei Tage. Schließlich flogen wir dann von Zürich nach Kreta. Es ging mir auch jeden Tag etwas besser und ich konnte die Zeit dort mit meiner Freundin auch meistens genießen. Im Herbst 2013 hatte ich wieder eine schlechte Phase und war das erste Mal in der Klinik Beverin im Bündnerland. Ich fühlte mich dort sofort wohl. Im Gegensatz zu der Klinik in Pfäfers fühlte ich mich auch sehr gut betreut. Zu Beginn meines Aufenthaltes hatte ich einige Anfälle. Im Laufe der Zeit wurden sie aber immer weniger. Dadurch, dass ich drei Monate dort war, vermisste ich meine Kinder und Enkel sehr und freute mich riesig, wenn sie mich besuchten. Das war dann immer ein spezieller Tag für mich und ich genoss es sehr.

Im Herbst 2013 wurde ich zwei Mal in meiner Wohnung ohnmächtig. Nach dem zweiten Mal rief dann mein Partner die Rettung und ich wurde ins Krankenhaus gebracht. Ich konnte nicht mehr laufen und das Sprechen fiel mir sehr schwer. Man dachte zuerst an einen Schlaganfall oder an einen Virus, den ich mir eventuell eingefangen hätte. Ich wurde in eine Röhre geschoben, um genau zu sehen, ob es etwas Auffälliges gäbe. Ein Schlaganfall war es nicht und das mit dem Virus stellte sich auch als negativ heraus. Es war eine Auffälligkeit in meinem Kopf, ein Aneurysma, was aber mit meinem aktuellen Zustand nichts zu tun hatte. Ich musste in der Physiotherapie wieder lernen, ohne Krücken zu laufen. Die Ärzte meinten, dass das Ganze eine traumatische Störung sei. Nach einer Woche im Krankenhaus konnte ich wieder heim.

Im März 2014 hatte ich meine Kopfoperation in St. Gallen. Diese nahm mich sehr mit und ich sah im Gesicht aus wie ein Zombie. Nach draußen zum Rauchen durfte ich nur mit dem Rollstuhl. Meine Tochter kam mich mit den Kindern besuchen. Das war ein besonderer Tag und ich konnte daraus viel Kraft schöpfen. Nach einer Woche im Krankenhaus konnte ich nach Hause. Es ging mir zwar körperlich immer besser, aber psychisch war ich voll daneben. Mein Psychiater riet mir dann, für eine gewisse Zeit in die Klinik zu gehen. Als ich mich körperlich etwas erholt hatte, ging ich in die Klinik Waldhaus in Chur. Auch dort fühlte ich mich wohl. An meinem Geburtstag im April war ich noch in der Klinik und freute mich über die Besuche. Meine Eltern kamen, meine Freundin und zu meiner großen Überraschung kam auch mein Sohn. Er war drei Stunden von Thun zu mir nach Chur gefahren, um mich zu überraschen. Ich freute mich sehr und konnte es kaum glauben, dass er da war.

Ende August 2014 kam mein dritter Enkel zur Welt. Die Geburt meiner Enkelkinder war jedes Mal ein Wunder, das sich mit keinem anderen Ereignis vergleichen lässt. Drei Enkelkinder hatte ich nun und ich war sowas von stolz und dankbar. Ja, meine Enkel gaben mir eine neue Aufgabe und meinem Leben einen neuen und einzigartigen Sinn.

Im Jahr 2015 ging es mir Großteils besser und meine Anfälle hielten sich auch in Grenzen. Das gab mir große Hoffnung für meine Zukunft.

Ich fand auch eine Reitbeteiligung bei Esther, mit ihren Pferden Nathan und Malek, in Grabs. Viele großartige Ausritte machten mein Leben interessant und abwechslungsreich.

Auch 2016 hatte gut angefangen und ich freute mich über jeden Monat, in dem ich keine Anfälle hatte. Doch immer wieder kam zwischendurch ein Tief, dass mich in die Realität zurückholte. Tiefe Depressionen waren immer wieder ein Thema und ich versuchte jedes Mal, so gut es ging, da rauszukommen. Ich dachte auch wieder daran, wieder zu arbeiten. Ich bewarb mich bei der Familienhilfe und sie hätten mich sehr gerne genommen. Aber leider kamen mir mein Trauma, die depressiven Stimmungen und die immer wiederkehrenden Anfälle in den Weg, sodass ich leider absagen musste.

Dadurch, dass das Reiten meine große Leidenschaft war, entschied ich mich im September 2016, ein eigenes Pferd zu kaufen.

Lynn heißt sie, eine damals dreijährige Freibergerstute. Jeden Tag genieße ich die Zeit mit ihr. Sie ist so ein spezielles Geschöpf, das den Weg zu mir gefunden hat. Ich war dann zuerst mit ihr in Grabs, in Boxenhaltung bei Esther. Ich merkte dann schnell, dass das nicht der richtige Platz für sie war und fand einen wunderbaren Platz auf einem Bauernhaus in Ruggell. Da fühlten sich Lynn und ich sofort sehr wohl. Seitdem habe ich jeden Tag, wenn ich zu Lynn gehe, das Gefühl von Ferien. Ja, ich vermisse diese Reitausflüge mit Esther zusammen schon, musste aber entscheiden, was für mich und Lynn das Beste war. Den für mich wertvollen Kontakt zu Esther konnte ich aber behalten.

Im Sommer 2017 hatte ich einen meiner großen Anfälle. Ich klappte im Stall zusammen und wurde ins Krankenhaus nach Vaduz gebracht. Als ich dort wieder zu mir kam, konnte ich nicht mehr sprechen. Ich konnte mich auch im Nachhinein nicht an die Zeit im Krankenhaus erinnern. Ich weiß nur noch, dass mein Psychiater bei mir war und ich auf einen Zettel „Hilfe" geschrieben hatte. Man sagte mir dann auch, dass ich zwei Nächte im Krankenhaus gewesen war, bevor sie mich in die Klinik Beverin nach Salez gebracht hatten. Es machte mir im Nachhinein schon Angst, dass ich keinerlei Erinnerungen an die Vorfälle hatte.

Was war dort alles gelaufen, von dem ich nichts mehr wusste? In der Klinik Beverin fühlte ich mich wohl und sicher, weil ich diese ja schon kannte. Ich konnte mich nicht unterhalten, weil meine Stimme immer noch weg war. Mit Zetteln und Kugelschreiber schlug ich mich durch. Das war eine sehr anstrengende Phase, wo mir auch viel unklar war.

So verging die Zeit und ich hoffte mit jedem Tag, dass meine Stimme wieder zurückkommen würde. Langsam gewöhnte ich mich daran, mit meinem Umfeld schriftlich zu kommunizieren.

Auszug aus meinen Gedankengängen

Sitze hier in der Mitte von vier Ahornbäumen. Genieße die Ruhe und den Wind, der die Blätter bewegt. Was mache ich eigentlich hier? Keine Ahnung. Auf der einen Seite genieße ich die Ruhe und auf der anderen Seite halte ich es innerlich kaum aus. Am liebsten den ganzen Tag schlafen. Nichts mitbekommen von all dem, was gerade in meinem Inneren abläuft. Ich habe auch Angst vor einem weiteren Anfall, weil ich mich so schwach fühle. Auch, dass ich nicht sprechen kann, belastet mich sehr. Wenn ich darüber nachdenke, was ich gerade am liebsten machen würde, wäre es, zu meinem Pferd Lynn gehen. Sie putzen und umarmen und ein paar Runden zu reiten. Ja, ich denke, dann wäre meine Welt in Ordnung. Sitze immer noch zwischen diesen schönen Ahornbäumen und rauche eine Zigarette nach der anderen. Irgendwie möchte ich heim und irgendwie doch nicht. Ich weiß nicht, ob ich sitzen bleiben soll oder ins Zimmer gehen oder lesen oder etwas anderes machen. Ich habe ein totales Durcheinander in meinem Kopf und das ist sehr schwer auszuhalten.

Meine Tochter meldete sich und sagte mir, dass sie mich mit ihrem Mann und den Kindern am Sonntag besuchen kommen wolle. Oh, was habe ich mich gefreut! Ich dachte nur noch an den Sonntag, wenn ich sie alle wiedersehen würde. Ich konnte es kaum abwarten. Endlich war es Sonntag und ich war schon früh wach. Vielleicht durch die Aufregung an diesem Tag.
Ich frühstückte gemütlich, aber sah dabei die ganze Zeit auf die Uhr. Meine Familie hatte sich für ungefähr dreizehn Uhr angekündigt. Die Zeit verging nicht und ich versuchte, mich mit Musikhören abzulenken und machte noch einen Spaziergang vor dem Mittagessen. Die Uhr zeigte viertel vor eins und ich war aufgeregt. Dann klingelte mein Handy und meine Tochter war dran. Sie sagte, sie wären auf dem Parkplatz der Klinik. Ich erklärte, dass ich kommen und sie abholen würde. Ich sah sie schon von weitem und lief immer schneller auf sie zu. Auch die Kinder

rannten zu mir und es war ein wunderschönes Gefühl, sie wiederzusehen und zu umarmen. Nach den innigen Umarmungen besprachen wir, dass wir eine Runde Minigolf spielen würden. Der Minigolfplatz gehört zur Klinik. Wir spielten eine ganze Runde durch und aßen dann eine Jause auf der Station. Jede Minute genoss ich mit ihnen und die Zeit verging wie im Flug. Ich begleitete meine Familie noch zum Parkplatz und wir verabschieden uns. Sie fuhren ab und ich winkte ihnen noch lange nach. Mit einem Glücksgefühl im Herzen ging ich zur Station zurück.

Nach sechs Wochen, als auch meine Anfälle weniger geworden waren, plante ich mit meinem Fahrrad einen Ausflug zum nahegelegenen Reitstall. Ja, ich vermisste meine Lynn sehr. Ich wollte wieder mal Pferde riechen und so fuhr ich los. Eine Frau kam mit ihrem Pferd angelaufen und ich hatte so ein spezielles Gefühl, das mir sagte: „Geh zu dem Pferd hin und streichle es." Das habe ich dann gemacht und ich hatte das Bedürfnis, mit dieser Frau zu sprechen. Wie durch ein Wunder konnte ich tatsächlich ganz leise mit ihr sprechen und erklärte ihr, dass ich jetzt seit sechs Wochen das erste Mal wieder sprechen könne. Wir waren beide tief berührt und Tränen liefen mir übers Gesicht. Mein ganzer Körper fühlte sich auf einmal so leicht an.

Dann fuhr ich zurück zur Klinik und die meisten saßen draußen auf dem Balkon. Ich ging zu ihnen hin und sagte mit leiser Stimme: „Ich war bei den Pferden." Alle sahen mich mit großen Augen an und konnten es kaum glauben, dass ich auf einmal wieder sprechen konnte. Ich konnte nur sehr leise reden und erklärte ihnen, was passiert war. Das Interessante daran war, dass ich genau mit dieser Frau schon längere Zeit auf Facebook verbunden war. Es gibt schon eigenartige Situationen, die man fast nicht glauben kann. Die nächsten Tage hatte ich Muskelkater in meinen Stimmbändern, wenn ich zu viel sprach.

Die Ärzte sagten mir, dass das normal sei, wenn man längere Zeit nicht sprechen würde. Die Stimmbänder bräuchten eine gewisse Zeit, um sich wieder an das Sprechen zu gewöhnen. Ich hatte richtig Muskelkater. Schon lustig, ich hatte nicht gewusst, dass es das gibt.

Es ging mir von Woche zu Woche besser und so konnte ich die Klinik nach zehn Wochen wieder verlassen. Es war eine spezielle Zeit, die ich Großteils nicht mehr erleben möchte. Die übrige Zeit von diesem Jahr ging es mir im Großen und Ganzen gut. Nach einem ziemlich guten Start ins Jahr 2018 fingen meine depressiven Stimmungen wieder an. Es war zum Teil kaum auszuhalten und ich kämpfte mit mir selbst. Da ich das mit meinen depressiven Stimmungen nicht in den Griff bekam, wies mich mein Arzt in die Klinik nach Beverin ein. Ich blieb zuerst in Beverin und nach der zweiten Woche wurde ich in die Waldklinik nach Chur gebracht. Ich hatte eine furchtbare Zeit in der geschlossenen Abteilung. Immer wieder stürzte die Welt in mir zusammen und ich hatte keine klaren Gedanken. Ich verkroch mich meistens in meinem Zimmer und hatte Mühe, mich auf die anderen Patienten einzulassen. Die Selbstverletzungen halfen mir immer wieder mal, mich aus meinem inneren Käfig zu befreien.

Anfang des Jahres hatte ich angefangen, dieses Buch zu schreiben. Es war schon erstaunlich, wie viele Einzelheiten ich noch wusste, obwohl das ganze Erlebnis schon fast vierzehneinhalb Jahre zurücklag. Das Schreiben war schon eine riesige Herausforderung für mich, da auf der einen Seite viele Gefühle und Bilder hervorkamen und ich immer wieder eine Pause einlegen musste. Auch liefen mir immer wieder die Tränen übers Gesicht. Aber auf der anderen Seite tat es mir sehr gut. Durch das Schreiben und dadurch, dass ich mich in diese vielen Situationen wieder einfühlte, wurde mir gleichzeitig bewusst, dass das ganze Erlebnis schon längere Zeit zurücklag. Bei einem Gespräch mit meiner Tochter fragte ich sie, ob sie einen Vorschlag hätte für den Schluss meiner Geschichte. Sie sah mich an und fragte mich: „Hast denn du persönlich für dich einen Abschluss zu dieser ganzen Geschichte?" Ich sah sie an und merkte in mir, dass das eine sehr gute Frage war.

Ich hatte noch keinen Abschluss gefunden und das Erlebnis war für mich immer noch unglaublich nahe. Das brachte mich auf die Idee, dass ich nochmal dorthin reisen musste, um einen Abschluss finden zu können.

Anfang August 2018 entschied ich mich, wieder nach Phuket zu reisen. Ich dachte darüber nach, wer mich begleiten könnte. Ich dachte an meine Tochter, die aber nicht zwei Wochen wegkonnte, wegen der Kinder. „Karoline!", dachte ich und telefonierte ihr. Sie sagte sofort zu und ich freute mich sehr. Wir waren zusammen im Reisebüro und ließen uns beraten. Auch das Hotel Baan Laimai war in der Auswahl. Das war jenes Hotel, in dem Rudolf und ich damals gewohnt hatten. Es war nicht mehr wiederzuerkennen. Nach dem Tsunami war alles neu aufgebaut worden und es war nun noch größer als früher. Mein Magen begann sich zusammenzuziehen bei dem Gedanken, dort zwei Wochen zu verbringen. Ich entschied mich dann, ein anderes Hotel zu buchen und das fühlte sich richtig an.

Am 20. August trafen Karoline und ich uns im Reisebüro, um unsere Reise fix zu buchen. Auch das fühlte sich genau richtig an. Auf dem Weg dahin hatte ich ein seltsames Gefühl im Magen. Auch nach der Buchung verspürte ich dies wieder. Ich fühlte mich dem Tsunami-Erlebnis plötzlich wieder sehr nah. Ich hatte das Gefühl, dass ich weinen möchte und einfach laut schreien und ich fühlte mich so klein und hilflos. Wie ein kleines Mädchen, das es braucht, einfach nur an die Hand genommen zu werden. Auch nur eine schützende Umarmung hätte mir gutgetan. Trotz des seltsamen Gefühls war ich mir sicher: Die Entscheidung, nochmals nach Phuket zu fliegen, war richtig. Ich hatte ja Zeit, um mich auf diese Reise vorzubereiten. Während des Schreibens kamen viele Gefühle hoch. Es war für mich zeitweise schwierig, bei der Sache zu bleiben. Immer wieder hatte ich das Bedürfnis, loszuheulen. Ich erwischte mich auch immer wieder dabei, dass ich zeitweise den Atem anhielt.

Noch zehn Tage, bis es los ging, mit meiner Reise in die Vergangenheit. Ich schlief sehr schlecht. Ich hatte Mühe, einzuschlafen und erwachte immer wieder. Es kamen die ganzen Bilder vom Tsunami in mir hoch und ich konnte mich fast nicht ablenken. Ich konnte keine Ruhe finden und versuchte, mich zwischendurch mit einer Zigarette zu beruhigen, was mir nur schwer gelang.

Es machte mir schon Sorgen, wie es mir gehen würde, wenn dann der Tag käme, wo ich ins Flugzeug steigen und abfliegen würde. Ich versuchte, mich mit guten Gedanken abzulenken. Ich recherchierte im Internet, was man in Phuket alles unternehmen könnte. Zum Beispiel einen Bootsausflug machen. Elefanten reiten wäre auch eine Möglichkeit. Ich fand auch ein Angebot, wo man mit Delfinen schwimmen konnte. Ich nahm mir auch fest vor, mehr über das Delfinschwimmen zu erfahren und wenn es möglich wäre, es auch zu machen. Auch auf das Shoppen und das gute Essen freute ich mich. Ich hatte somit ein paar Sachen gefunden, auf die ich mich freuen konnte und die mich ablenkten.

Noch fünf Tage, bis es losging. Ehrlich gesagt, konnte ich mir da noch nicht so richtig vorstellen, dass ich nochmals dort stehen würde, wo damals das Wasser auf mich zugekommen war. Aber ich wusste, dass ich es tun würde. Ich würde nach Phuket fliegen und mich meinen Ängsten stellen. Der Gedanke daran machte mir ein seltsames Gefühl im Magen, meine Hände zitterten und die Tränen liefen mir übers Gesicht. So viele Gefühle und Bilder kamen in mir hoch und ich musste mich zuerst sammeln. Ich weiß, dass mein Partner und ich riesiges Glück gehabt hatten, denn es waren an diesem Strand damals viele Menschen gestorben. Ich konnte es in mir nicht fühlen, dieses Glück. Daran merkte ich auch, dass ich noch nicht richtig abgeschlossen hatte. Ich hoffte sehr, dass ich, wenn ich mich dem Ganzen stellen würde, einen Abschluss finden und mein Leben neu ordnen würde können. Viele in meinem Umfeld sagten mir, wie mutig sie es fanden, dass ich noch mal dorthin gehen wollte, wo alles passiert war und dass sie selbst sicher nicht den Mut hätten, dies zu tun. Ja, meine Familie und meine Freunde waren alle gespannt, was ich nach dieser Reise zu erzählen haben würde. Nicht nur sie, sondern auch ich war gespannt, wie mein Körper und meine Psyche reagieren würden, wenn ich dort am Strand stehen würde. Ich versuchte, mich nicht so hineinzusteigern und einen Tag nach dem anderen zu nehmen. Ich ließ es einfach auf mich zukommen, denn es kommt meistens sowieso anders, als man sich eine Situation vorgestellt hat.

Es war der 2. November und in zwei Tagen ging es los. Ich hatte das Gefühl, dass ich mich tapfer schlug. An diesem Tag kam die Nachricht, dass mein langjähriger guter Freund in der letzten Nacht verstorben war. Zum Glück war ich am Vortag noch bei ihm gewesen und hatte noch ein paar schöne und wertvolle Stunden mit ihm genießen können. Ich war sehr traurig und doch froh, denn er hatte nicht leiden müssen und außerdem, wie von ihm gewünscht, bis zuletzt in seinem Zuhause sein können. Ich konnte mich bei ihm auch noch bedanken für diese vierundzwanzig Jahre, die wir uns gekannt hatten. Auch er hatte sich bei mir bedankt für die gemeinsame Zeit und wir hatten uns sehr innig umarmt. Ich hatte mich dann auch sehr intensiv von ihm verabschiedet, weil ich ja nicht wusste, ob ich ihn wiedersehen würde.

Das lenkte mich schon sehr von meiner Reise ab. Die letzte Nacht vor der Abreise schlief ich – zum ersten Mal seit langem – fast durch, ich glaube, ich war nur einmal kurz wach, weil ich zur Toilette musste. Mein Koffer war schon fast gepackt und in meinen Gedanken war ich eigentlich schon weg. Meine ganzen Gedanken kreisten um diese Reise, den Flug, die Ankunft und die Fahrt vom Flughafen bis zu unserem Hotel. Ich hoffte, dass unser Reisebus, der uns zum Hotel Burasari bringen sollte, nicht die Straße direkt am Meer entlangfahren würde. Mal schauen, denn wenn es so wäre, könnte ich es sowieso nicht beeinflussen. Ich spürte auch, dass die Gedanken an meine Reise mich völlig ausfüllten. Es hatte in meinem Kopf nichts anderes mehr Platz und Raum.

Reise zurück zum Anfang meines Traumas
Sonntag, 4.11.2018

Die Fahrt zum Flughafen verlief ziemlich gut und ich konnte mich auch gut ablenken. Ich ging am Flughafen noch zur Toilette und merkte, wie sich mein Magen zusammenzog. Ich verabschiedete mich dann ausgiebig von meinem Partner. Wir winkten uns zu und dann gingen Karoline und ich durch den Zoll. Meine Knie und meine Hände zitterten. Als wir dann ins Flugzeug stiegen, wurde es mir immer mehr bewusst, dass ich jetzt nicht mehr zurückkonnte, egal was passieren würde. Ich setzte mich dann auf den Sitz Nummer 35j und Karoline saß schräg von mir, nur der Mittelgang war zwischen uns. Wir mussten uns anschnallen, denn das Flugzeug setzte sich in Bewegung in Richtung Startbahn. Meine Hände zitterten und meine Beine spürte ich in diesem Moment auch nicht. Ich nahm dann zur Beruhigung zwei Temesta und eine Valium – in der Hoffnung, dass ich dann etwas schlafen konnte.

Ich schlief dann tatsächlich ein. Von da an kann ich mich heute nur noch an Bruchteile von dem, was war, erinnern. Ich habe keine Erinnerung, wie der Flug verlaufen ist und dass ich da was gegessen habe. Auch, dass ich aus dem Flugzeug ausgestiegen bin, danach eine Zigarette geraucht habe und zum Bus gelaufen bin, der uns zum Hotel gefahren hat. Ich kann mich dann nur sehr kurz erinnern, dass ich bei der Rezeption reklamierte und ein anderes Zimmer verlangte, weil unser Zimmer nur einen kleinen Balkon hatte, auf dem man nicht draußen sitzen konnte. Die Zeit, bis unser Zimmer fertig war, etwa eineinhalb Stunden, verbrachten wir am Strand. Davon kann ich mich nur an einen Augenblick erinnern, und zwar an die Frau, die mir auf den rechten Oberarm ein Henna-Tattoo gezeichnet hat und dass ich sie bezahlt habe. Karoline erzählte mir später, dass wir dann ins Zimmer gingen und ich ihr gesagt hätte, dass ich zwei Stunden schlafen würde. Sie berichtete mir noch Verschiedenes, an das ich keine Erinnerung hatte. Schon seltsam und auch beängstigend, dass man Dinge macht, ohne sich nachher daran zu erinnern.

Ich schlief den ganzen Montag, den 5. November. Ich denke, dass mein Körper mit diesen Erinnerungslücken, eine Art Schutzschild aufgebaut hatte, um mich vor Überforderung zu schützen und er danach den Schlaf auch dringend gebraucht hatte.

Dienstag, 6.11.2018

Es war ein seltsames Gefühl, als ich am Dienstag früh erwachte. Ich hatte mehrere Nachrichten auf meinem Handy, denn zuhause hatten sich alle Sorgen gemacht, da ich mich nach der Ankunft nicht gemeldet hatte. Wir liefen dann etwas herum und wollten später zum Strand. Nur bei dem Gedanken an das Wort „Strand" klopfte mein Herz sehr schnell. Ich nahm dann allen Mut zusammen und ging mit ans Meer. Ich saß auf meinem Tuch und Karoline ging ins Wasser. Mein Körper verkrampfte sich, sodass ich mich fast nicht bewegen konnte. Ich beobachtete alles ganz genau. Die Schiffe, die ein Stück weiter draußen anhielten. Auch die anderen Menschen, die ins Wasser gingen und dort badeten.

Ich wollte so gerne ins Wasser, aber ich schaffte es nicht, hineinzugehen. Ein total seltsames Gefühl wieder an dem Strand zu sitzen, wo damals so viele Menschen gestorben waren und ich mit meinem Partner um unser Leben gerannt war. Mir war nicht so wohl und meine Hände zitterten wie verrückt. Ich konnte kaum sprechen, denn es zog mir meine Stimmbänder zusammen.

Ich dachte darüber nach, ob ich hier sitzen bleiben sollte oder wie damals wegrennen. Ich entschied mich, zu bleiben, denn ich wollte mich ja genau dieser Situation stellen und versuchen, ein positives Gefühl mitzunehmen.

Wir gingen dann wieder ins Hotel zurück und schwammen noch ein paar Runden im Pool. Immer wieder erwischte ich mich dabei, dass meine Gedanken mit mir durchgingen. Immer wieder kam die Vorstellung: „Wenn jetzt das Wasser kommt, was dann?" Ich versuchte, diese Gedanken aus meinem Kopf zu bekommen. Zwischendurch gelang es mir gut und dann auch wieder nicht. Ich war sehr guter Hoffnung, dass ich nach diesen Ferien einen guten Abschluss finden kann und mein Gefühl zum Tsunami sich verändern würde. Ja, ich war mir sicher, ich würde es schaffen – wie auch schon vieles anderes, dass ich mir zunächst nicht hätte vorstellen können.

Mittwoch, 7.11.2018

Nun war es schon Mittwoch und Karoline war zum Schwimmen an den Pool gegangen. Ich blieb noch im Zimmer, um einige Zeilen zu schreiben. Ich war dann auch noch am Pool, um ein paar Runden zu schwimmen. Das tat mir sehr gut.

Nach einem Mittagsschläfchen wollte ich die Strecke laufen, die wir beim Tsunami gerannt waren. Am Anfang der Strecke war es für mich noch klar, aber je weiter wir gingen, umso mehr kam mir alles fremd vor. Wir waren dann in einem Einkaufszentrum, von dem ich dachte, dass es das noch nicht lange geben dürfte.

Wir aßen dann in dem kleinen Restaurant etwas zu Abend, in dem ich früher oft mit meinem Partner gewesen war. Mmmh, so richtig fein war es. Nach einer wohltuenden Fußmassage und einem guten Kaffee kamen wir wieder ins Hotel zurück. Nach zwei Runden Billard und einem feinen Drink gingen wir auf unser Zimmer und machten es uns dort gemütlich.

Es gab ein Gewitter und die Straßen waren nass. Wenn das Wetter am nächsten Tag wieder gut wäre, wollte ich an den Strand gehen und versuchen, ins Meer zu laufen. Ein seltsames Gefühl. Ich versuchte, mich nicht zu fest hineinzusteigern. Ich lag im Bett und hörte, wie es draußen durch das Gewitter laut wurde. Mir war mulmig zumute, denn es hörte sich an, wie damals, als das Wasser gekommen war und alles verwüstet hatte. Ich versuchte, mich durch das Lesen in meinem vor kurzem angefangenen Buch abzulenken.

Donnerstag, 8.11.2018

Karoline weckte mich um neun Uhr und wir gingen zum Frühstück. Wir hatten an diesem Tag geplant, hier in Phatong am Strand entlang zu laufen und nahmen unsere Badesachen mit. Es war für mich ein seltsames Gefühl an dem Strand zu stehen, wo damals alles begonnen hatte. Wir liefen am Meer entlang und meine Beine und meine Hände zitterten. Tränen liefen mir übers Gesicht und ich versuchte, tief durchzuatmen. Nach einiger Zeit mieteten wir in der hintersten Reihe für zweihundert Baht zwei Liegen. Karoline ging dann ins Wasser, um sich abzukühlen. So gerne wäre ich zu diesem Zeitpunkt auch schwimmen gegangen. Ich saß auf meiner Liege und starrte aufs Meer hinaus. Ich beobachtete alles ganz genau. Die Boote, die weit draußen angelegt hatten, die Menschen, die vergnügt das Wasser genossen. Nach längerer Zeit nahm ich allen Mut zusammen und stellte mich nah ans Wasser. Ich konnte meine Tränen nicht zurückhalten, denn es kamen viele Gefühle und Bilder hoch. Ich starrte zum Horizont und sagte mir immer wieder, dass alles in Ordnung sei. Einen Schritt nach dem anderen lief ich ins Wasser. Ein seltsames Gefühl war das schon. Mein Magen fing an, sich zusammenzuziehen, ich nahm allen Mut zusammen und stand schließlich bis zu den Knien im Wasser.

Mein Herz klopfte so laut, dass ich dachte, dass die anderen das sicher auch hören würden. Ich stand wie versteinert da und konnte nicht vorwärts und nicht zurück. Es zog mich emotional in ein Tief hinab, dass ich nur noch weinen konnte. Zum Glück hatte ich eine Sonnenbrille aufgesetzt und so hoffte ich, dass die anderen Leute nicht sahen, wie es mir ging. Ich ging dann auf meinen Platz zurück und war auch stolz auf mich, dass ich es so weit ins Meer geschafft hatte. Um mich dann abzulenken, las ich einige Seiten in meinem Buch. Ich ging dann noch einige Male zum Wasser, versuchte, jedes Mal ein Stück weiter hineinzulaufen und es funktionierte immer besser. Bevor wir zum Hotel zurückgingen, genossen wir noch eine wohltuende Fußmassage, während der ich mich auch super-gut entspannen konnte.

Nach einer erfrischenden Dusche gingen wir in ein kleines Restaurant und aßen etwas feines Thailändisches. Bevor wir zum Hotel zurückgingen, nahmen wir an einer Bar noch einen Drink. In mir kam wieder so ein seltsames Gefühl hoch. Es war dunkel, als ich aufs Meer hinausschaute, und da kam mir wie ein Blitz der Gedanke: „Wenn jetzt das Wasser kommt, oh, Hilfe, dann habe ich keine Chance, wegzulaufen!" Nach dem Drink gingen wir zum Hotel und ich nahm mir die Zeit diesen Bericht des Tages zu schreiben.

Samstag, 10.11.2018

Das Wetter war eigentlich gut und wir fuhren mit dem Tuk-Tuk an die Karon Beach. Vieles hatte sich hier verändert, seit ich das letzte Mal da gewesen war. Wir zahlten zweihundert Baht und legten uns auf unsere Liegen. Ich wollte mich abkühlen und ging ans Wasser. Schritt für Schritt ging ich immer weiter hinein. Es gab ziemlich starke Wellen. Wenn sich das Wasser zurückzog, hatte es eine Wucht, die so stark war, dass es mich richtig mitzog. Ich kam in eine Panik und versuchte, so schnell wie möglich aus dem Wasser zu kommen. Mein Herz schlug schnell und ich hatte das Gefühl, jeden Moment zu erbrechen. Genau so war es damals auch gewesen, als der Tsunami gekommen war und alles, was nicht befestigt war, auch Menschen, die sich nirgends festhalten konnten oder einfach zu schwach waren, hatte das Meer, als es zurückfloss, mit dieser unglaublichen Wut, mit sich gerissen.

Ich saß auf meiner Liege und beobachtete die Leute, die im Wasser waren. Immer wieder kamen Gefühle und Bilder in mir hoch. Es war sehr mühsam und kostete mich viel Energie, diese Situation auszuhalten. Als ich mich wieder gefasst hatte, versuchte ich, nochmals ins Wasser zu gehen und ich sagte mir immer wieder, dass alles in Ordnung sei und die Menschen – und vor allem die Kinder – in Sicherheit wären.

Ich versuchte dann, Schritt für Schritt wieder ins Meer zu gehen und war stolz auf mich, dass ich es geschafft hatte, in der Situation zu bleiben. Nach einem Nickerchen gönnte ich mir eine feine Massage. Dann aßen wir dort am Strand noch etwas und fuhren danach mit dem Taxi zurück ins Hotel.

Sonntag, 11.11.2018

Nach einem gemütlichen Frühstück beschlossen wir, shoppen zu gehen. Wir schlenderten über den Markt und ich kaufte verschiedene Mitbringsel für die Kinder und auch für Rudolf. Ich fand für jeden etwas, was mich sehr freute. Nach einem gemütlichen Bier an einer Bar gingen wir ins Hotel zurück, packten unsere Badesachen und gingen an den Strand. Auch da hatte ich wieder ein seltsames Gefühl am Strand. Ich überwand mich erneut und ging ins Wasser. Ich ertappte mich dabei, dass ich wieder alles genau beobachtete.

Die Menschen, die am Strand waren, die Menschen, die im Wasser waren, die Boote, die weiter draußen vor Anker lagen. Und auch die vielen Tauben, die am Strand umherliefen und im Sand nach Essbarem suchten. Etwa um siebzehn Uhr genossen wir am Strand noch eine wohltuende Massage.

Montag, 12.11.2018

Nach dem Frühstück fragte ich Karoline, was wir machen sollten. Ganz im Geheimen hoffte ich, dass sie sagen würde, dass wir doch an den Pool gehen könnten. Ich merkte in mir, dass ich hin- und hergerissen war. Aber dann war ich doch froh, als sie sagte, sie wolle an den Strand. Ich ging dann ins Wasser und wagte mich das erste Mal weiter hinaus. Weiter draußen waren noch ein paar Leute im Wasser, was mir ein wenig Sicherheit vermittelte. Happy über diese gelungene Aktion ließ ich mich im Wasser treiben und genoss die warme Sonne, die auf mein Gesicht schien.

Dienstag, 13.11.2018

Wir mussten früh um sechs Uhr aufstehen, weil wir einen Halbtagesausflug gebucht hatten. Um sieben Uhr ging es los, wir besuchten den Aussichtspunkt über der Karon Beach, wo ich damals auch mit meinem Partner gewesen war. Wir genossen die wundervolle Aussicht und machten ein paar tolle Fotos. Ich dachte dann darüber nach, dass ich, wäre ich damals, als der Tsunami gekommen war, an diesem Ort gewesen, wahrscheinlich nicht viel davon mitbekommen hätte. Ich versuchte, diesen Gedanken auszublenden. Dann ging es weiter zu Big Buddha, der wichtigsten Sehenswürdigkeit von Phuket, und anschließend besichtigten wir einen Tempel. Diesen durfte man nur betreten, wenn man die Beine und die Arme bedeckt hatte. Für diejenigen, die das nicht hatten, gab es ein großes Tuch zum Umwickeln. Dann besichtigten wir eine Firma, die wunderschönen Schmuck herstellte. Wow, es war der Wahnsinn, was die dort alles machten. Wir schauten uns überall etwas um und staunten. Dann sahen wir eine Bienenfarm an. Ja, wir hatten uns diese Farm etwas größer vorgestellt. Genau wie im nächsten Betrieb, wo man Cayenne – Nüsse bearbeitete, die wollten natürlich ein Geschäft machen und animierten uns Touristen, etwas zu kaufen. Zum Abschluss des halben Tages sahen wir noch eine beeindruckende Delfinshow. Zu Mittag fuhren wir zum Hotel zurück und ich schlief noch zwei Stunden.

Wir gingen später an den Strand und liefen dort entlang. Dann legten wir uns auf eine Liege und gingen abwechselnd ins Wasser. Als ich so im Meer stand und die Wellen an mir abklatschten, überkam mich so ein seltsames Gefühl. Ich schaute vom Wasser aus auf den Strand. Auf einmal kamen so viele Bilder in mir hoch. Ich verspürte eine Panik und lief dann so schnell wie möglich aus dem Wasser. Auf meiner Liege angekommen, liefen mir die Tränen über mein Gesicht. In dem Moment wusste ich nicht, wohin mit diesen starken Gefühlen und den fast realistischen Bildern. Ich überlegte mir auch, ob ich ins Hotel gehen sollte oder ob ich mit diesen Gefühlen zurechtkommen könnte. Ich blieb dann auf meiner Liege und versuchte, mich mit Lesen meines Buches abzulenken.

Mittwoch, 14.11.2018

Nach dem Frühstück lasen wir noch etwa eine Stunde im Zimmer, bevor wir an den Strand gingen. Die Sonne brannte heiß und ich freute mich auf eine Abkühlung im Wasser. Im Meer fiel mir auf, dass die Wellen heute stärker waren. Ich versuchte, mich abzulenken und schaute weiter draußen auf die Leute, die das Meer genossen, und die Schiffe, die vor Anker lagen. Alles war so wie immer und ich fühlte mich halbwegs wohl. Ich kniete im Wasser, als eine größere Welle auf mich zukam und ich weder die Schiffe am Horizont noch die Leute im Wasser mehr sehen konnte.

Ich spürte, dass ich die Luft anhielt und nicht mehr atmete. Genauso wie damals beim Tsunami, als das Wasser auf mich zugekommen war und ich nicht mehr geatmet hatte. Ich hatte damals wie eingefroren dagestanden. Ich stand auf und verließ das Wasser, um mehr Sicherheit zu bekommen und wieder normal zu atmen.

Am Strand legte ich mich auf meine Liege und versuchte, wieder gleichmäßig zu atmen. Ich beobachtete, wie die Tauben zwischen den Liegen herumtappten und im Sand nach etwas Essbarem suchten. Es beruhigte mich sehr, denn mir kam dann wieder in den Sinn, dass die Leute sagten, solange Tiere am Strand wären, gäbe es keine Gefahr. Tiere sind da sehr sensibel und spüren schon lange bevor wir es bemerken, dass etwas nicht stimmt und verlassen dann diesen Ort.

Donnerstag, 15.11.2018

Wir wurden um sieben Uhr fünfundvierzig beim Hotel von einem Bus abgeholt, der uns auf die andere Seite von Phuket brachte, wo wir mit vielen anderen Leuten in ein Speed Boot einstiegen.

Es war ja schon die letzten Tage, seit ich wusste, dass wir diesen Ausflug nach Phi Phi Island machen würden, so seltsam zumute. Am liebsten hätte ich den Ausflug abgesagt. Auch Karoline meinte, dass wir den Ausflug nicht unbedingt machen müssten. Ich entschied mich dann, meinem Gefühl nicht nachzugeben, sondern einfach mitzugehen. Als das Speed Boot abfuhr, nahm das seltsame Gefühl im Magen wieder zu und ich versuchte, tief durchzuatmen. Das Boot wurde immer schneller und mein Herz klopfte wie wild.

Ich war in einer Situation, aus der ich nicht herauskam und die ich auch nicht ändern konnte. Ich brauchte einen Plan. Ich versuchte, im Kopf umzudenken. Je länger die Situation anhielt, umso besser kam ich damit zurecht. Auch Karoline sagte mir, dass ich den Tag super gemeistert hatte. Ja, das fand ich auch und ich fühlte mich auch stolz.

Wir aßen dann auf Phi Phi Island zu Mittag. Später hatten wir drei Mal die Gelegenheit, zu schnorcheln. Ich konnte mich nicht überwinden, ins Wasser zu gehen. Oh, wie gerne wäre ich auch ins Meer zum Schnorcheln gegangen! Aber der Gedanke, dass eine größere Welle kommen könnte, hielt mich davon ab. Etwa um achtzehn Uhr waren wir wieder im Hotel. Ich war so stolz, obwohl mich dieser Tag total an meine Grenzen gebracht und meine ganze Energie verbraucht hatte.

Freitag, 16.11.2018

Nach einem gemütlichen und feinen Frühstück hatten wir um zehn Uhr dreißig ein Treffen mit einem gehörlosen Paar, das zu Hause in meiner nahen Umgebung wohnte und auch gerade Urlaub in Phuket am Phatong Beach machte. Wir wollten uns im Starbucks treffen und waren auch schon etwas früher dort. Leider waren wir in einer anderen Starbucks-Filiale als die anderen. Tja, dieses Treffen hat nicht sollen sein. Wir holten im Hotel unsere Badesachen und gingen an den Strand. Es war sehr heiß und ich legte mich ins Wasser. Auf dem Rücken liegend, ließ ich mich vom Wasser treiben. Ich fühlte mich so wohl.

Ich musste sehr intensiv an meinen Freund Peter denken, denn er hatte immer gesagt, dass er ein Glückskind sei, obwohl er schwer krank war und er auch wusste, dass er nicht mehr lange zu leben hatte. Während ich so im Wasser trieb, kam mir in den Sinn, dass ich Glück gehabt hatte, weil ich den Tsunami überlebt hatte und somit auch hier wieder die Zeit soweit genießen konnte. Auf einmal kamen mir Peters Worte in den Sinn und ich fühlte das erste Mal seit dem Tsunami, dass auch ich ein Glückskind bin.

Ich merkte tief in mir, dass sich etwas aufgelöst hatte, konnte aber zu dem Zeitpunkt noch nicht genau sagen, was.

Ich konnte es in dem Moment so stehen lassen. Es gibt Sachen und auch diese verschiedenen Gefühle, die einfach mehr Zeit brauchten, damit sie für mich klarer wurden.

Karoline ging dann etwa um sechzehn Uhr ins Zimmer, weil sie genug Sonne getankt hatte. Ich genoss dann noch eine gemütliche Stunde am Meer. Es war schon ein seltsames Gefühl, ohne Karoline am Strand zu liegen.

Etwa um siebzehn Uhr ging ich dann auch ins Zimmer. Wir genossen noch eine Dusche und einen Drink auf unserem Balkon. Ein starkes Gewitter kam und der Regen prasselte auf den Boden. Es war dann aber auch schon wieder vorbei, als wir aufbrachen.

Wir hatten einen Plan für diesen Abend. Zuerst Abendessen in einem Restaurant, wo wir schon drei Mal gewesen waren. Gleich daneben war das Tattoo-Studio, wo wir uns ein Tattoo stechen lassen wollten. Ich wollte mir die drei Sterne, die ich schon hatte, nachstechen und einen vierten dazu machen lassen. Ja, das sind Sterne für meine Enkelkinder. Karoline hatte sich für eine schöne Feder am Oberarm entschieden.

Wir hatten mit dem Tätowierer, der sehr nett war, das Tattoo besprochen und den Preis ausgehandelt. Dann ging es los.

Ich setzte mich auf den Stuhl, der mit Plastik abgedeckt war, wegen der Hygienevorschriften. Alles war sauber und steril gehalten, genauso, wie wir es aus der Schweiz kannten. Ich fühlte mich richtig wohl.

Dann begann er, zu stechen. Oh, mein Gott, tat das weh. Ich schwitzte. Ich dachte mir, dass ich das nicht überstehen würde und versuchte, mich mit Luftanhalten und Auf-den-Daumen-beißen von den Schmerzen abzulenken. Einmal machten wir eine Rauchpause, um durchzuatmen. Dann ging es gleich wieder weiter mit der Prozedur. Jetzt, im Nachhinein, weiß ich gar nicht, wie ich das Ganze überstanden habe. Oh, war ich froh, als der Tätowierer endlich sagte, dass er fertig war. Am liebsten hätte ich ihn umarmt, so freute ich mich und war auch sehr stolz auf mich. Karoline war dann auch gleich fertig und wir gingen beide happy zum Hotel zurück.

Samstag, 17.11.2018

Unser letzter Tag war angebrochen. Das Wetter war bewölkt und so gingen wir es gemütlich an. Zuerst Frühstück, dann waren wir noch kurz unterwegs und danach entspannt lesen.

Wir saßen dann noch lange auf dem Balkon und ließen die vergangenen zwei Wochen Revue passieren. Ja, die Reise war ein voller Erfolg für mich gewesen und auch Karoline hatte sie sehr genossen.

Nach dem Packen der Koffer legten wir uns noch hin und schliefen etwas, da wir um eins Uhr nachts vom Bus abgeholt wurden, der uns zum Flughafen bringen sollte.

Wieder zuhause

Mittlerweile war ich seit zwei Wochen wieder zuhause. Wenn ich das Gefühl zu Phuket und dem Tsunami verglich, wie es vor dem Urlaub und wie es jetzt war, merkte ich, dass es sich sehr verändert hatte. Ich konnte es nun von einer anderen Seite ansehen und bekam auch nicht gleich Panik, wenn ich daran dachte.

Ich war so stolz auf mich, dass ich es tatsächlich geschafft hatte, nach Phuket zu fliegen und mit einem guten Gefühl heimzukommen. Ja, ich hatte mich meiner Panik gestellt und ich kann den Rat nur so weitergeben: versucht es und seid optimistisch!

Zwischendurch versuchte ich, mit Meditationen einen größeren Abstand von diesem Erlebten zu bekommen und besser damit umzugehen. Ich habe hier einen kleinen Ausschnitt von einer meiner Meditationen:

Es war wie in einem Traum, bei dem man möchte, dass er nie aufhört und wo trotzdem ungewiss ist, wo es einen hinführt.

Plötzlich, so dass es mir nicht sofort bewusst war, liefen viele, viele einzelne Bilder an meinen Augen vorbei.

Mein ganzes Erlebnis vom Tsunami in tausenden Bildern. Ich saß nur da und ließ es geschehen. Ich empfand so eine sonderbare, aber angenehme Ruhe mit mir selber. Ich glaube, ich konnte so etwas wie Frieden schließen, womit auch immer.

Zu diesem Zeitpunkt war es mir nicht bewusst, ich habe einfach nur gefühlt und ließ es geschehen. Nach einer kurzen Zeit, keine Ahnung, wie lange, war es mir möglich, alle Menschen, die den Tsunami miterlebt und ihn überlebt hatten, und auch all die Seelen, die diese irdische Welt verlassen hatten, mit meiner ganzen Liebe zu umarmen und zu segnen.

Eine geheimnisvolle, fantastische und warmherzige Ruhe überströmte mein ganzes Ich.

Anschließend sah ich das ganze Ausmaß des Tsunami (alle Länder und alle Menschen, die davon betroffen waren und deren Schicksale) vor mir und auch das konnte ich mit meiner unendlichen Liebe umarmen und auch segnen. Das war schon etwas Großes für mich und ich war unendlich dankbar, nach dieser schweren Zeit vom sechsundzwanzigsten Dezember 2004 bis jetzt, so empfinden zu können.

Kurzbericht von meiner Tochter

Nie vergesse ich den Moment, als ich am Morgen im Fernseher vernahm, was in Thailand passiert war. Zuerst konnte ich das Ausmaß überhaupt nicht abschätzen und dachte nicht im Traum daran, dass meine Mutter von dieser Katastrophe betroffen sein könnte. Als die Zahl der Todesopfer rasant stieg, wurde mir immer unwohler. Als ich allmählich begriff, um welches Ausmaß es sich handelte, probierte ich sofort, sie anzurufen. Vergeblich.

Nach Stunden der Ungewissheit, kam endlich ein Anruf. Sie seien in Sicherheit, könnten aber nicht zurück zum Hotel, zurück zu den Papieren, Ausweisen und ihrem Geld.

Als nach vielen Stunden klar wurde, dass die Hilfe für die vielen Urlauber groß war und meine Mutter schnellstmöglich nach Hause zurückkehren konnte, war ich zwar etwas erleichtert, konnte es aber nicht erwarten, bis dies auch wirklich reibungslos geschehen war.

Und endlich teilte sie mir mit, mit welchem Flug sie in Zürich landen würden.

Als ich dort am Flughafen wartete, wo auch andere Betroffene erleichtert auf ihre Liebsten und Verwandten trafen, dauerte jede Sekunde ewig. Andere liefen verletzt und verzweifelt an mir vorbei. Sogar in Spitalbetten wurden zwei Frauen an uns vorbeigeschoben. Ungeduldig, in welchem Zustand ich sie antreffen würde, konnte ich es kaum erwarten, meine Mutter und ihren Partner wieder zu sehen.

Endlich kamen sie! Wir fielen uns einfach in die Arme. Im Glauben, dass alles gut war, weil sie doch scheinbar unversehrt überlebt hatte, war ich unglaublich erleichtert.

Meine Mutter war immer eine Frau, die Stärke zeigen wollte. Deshalb glaube ich, dass sie nach ihrer Rückkehr von Thailand zum Alltag zurückkehrte. Was dort geschehen war, hatte sie sehr wohl als einschneidendes Erlebnis, ja, sogar als die Katastrophe wahrgenommen, die es gewesen war. Jedoch hat sie weiter gemacht, wie es halt von ihr verlangt wurde. Sie ging zur Arbeit und hat ihre Pflichten erfüllt.

Jeder wollte ihre Geschichte wissen!

Natürlich hat sie mit vielen darüber gesprochen, wie sie den Tsunami erlebt hatte. Wie sie um ihr Leben gebangt hatte! Auch, wie sie sich nach der Rückkehr fühlte. Darüber, dass sie in geschlossenen Räumen immer nach einem Fluchtweg suchte und ihr Wasser in jeder Form, Unbehagen verursachte. Und auch darüber, dass sie die Schreie der Menschen, die um ihr Leben rannten, nicht aus ihrem Kopf brachte. Vielleicht war es auch die Tatsache, dass ihr Partner scheinbar mühelos weitermachen konnte, welche ihr signalisierte, dies auch können zu müssen.

Gut ein halbes Jahr später ging nichts mehr, alles wurde zu viel. Aus meiner Sicht war es auch die Zeit, als in der Öffentlichkeit Ruhe um dieses Thema einkehrte. In ihrem Inneren kehrte jedoch bei weitem nichts dergleichen ein.

Von diesem Moment an bis heute, ist viel passiert und doch scheint es in gewissen Situationen, als sei sie immer noch gleich weit. Meiner Meinung nach haben die unzähligen Therapien und stationären Aufenthalte ihre Wirkung zwar nicht immer verfehlt, jedoch für sie auch heute noch keinen Schlussstrich ziehen lassen.

Anfangs, wenn wieder ein neuer Arzt oder Psychologe meinte, eine Erkenntnis gewonnen zu haben, die nun bahnbrechend therapiert werden sollte, waren wir voller Hoffnung, dass sie nun all die Medikamente, Panikattacken und Klinikaufenthalte endlich würde hinter sich lassen können. Nun haben wir alle gelernt, damit zu leben, dass das Erlebte ein Teil von ihr ist. All die gelernten Strategien gegen eine Panikattacke oder ungute Gefühle, die damit auftreten, machen es ihr manchmal einfacher. Und manchmal scheint es mir, ist sie dem Ganzen chancenlos ausgeliefert.

Schlusswort

Jetzt, Monate nach meiner Konfrontation mit meinem Trauma, habe ich einen guten Weg gefunden, um damit umzugehen. Wenn ich Bilder vom Tsunami im Fernsehen sehe, berührt es mich schon noch sehr, aber nicht mehr in dieser Intensität, wie es früher einmal war.

Ich merke auch, dass, wenn ich genauer darüber nachdenke, mein Körper auf die eine oder andere Art reagiert. Aber auf eine Art, die mich nicht sofort in einen Schockzustand bringt.

Ich merke auch nach all den Jahren, dass mein Körper schon noch angeschlagen ist.

Auch, wenn ich zwischendurch mal in meinem Buch lese, bin ich noch immer tief betroffen. Meine Hände beginnen zu zittern, mein Herz schlägt schneller und manchmal laufen mir ein paar Tränen über meine Wangen. Aber meine Hoffnung ist groß, dass ich eines Tages ohne Therapie und Medikamente mein Leben verbringen werde können.

Danke

Ich möchte mich bei all denen bedanken, die mich unterstützt und mir zur Seite gestanden haben, in dieser schwierigen Zeit. Ein großes Dankeschön an meine Kinder und meine Eltern. Auch meine Freunde, die für mich da waren. Danke, dass ihr versucht habt, mich zu verstehen oder mir einfach zugehört habt und mich in den Arm genommen habt, wenn ich es so sehr brauchte. Auch an all diejenigen, die mir Mut gemacht haben, dieses Buch zu schreiben. Dieses Buch zu schreiben, war auch ein großes Stück der Verarbeitung meines Traumas.

Auch, dass ich meinen Partner an meiner Seite hatte, war für mich sehr wertvoll, denn, wenn ich mit ihm über das gemeinsame Erlebte redete, konnte er meine Gefühle gut nachempfinden. Auch ein großes Dankeschön an ihn für seine Unterstützung und seine Geduld.

Die Autorin

Eveline Walch wurde 1965 in Bludenz, Österreich, geboren. Die ehemalige Versicherungskauffrau und gelernte Masseurin, überlebte 2004 den Tsunami in Thailand und das Verarbeiten dieses Traumas führte unter anderem auch zu diesem Buch.

Die Neuautorin liebt es, Zeit mit ihrer Familie – bestehend aus ihrem Mann, zwei Kindern und vier Enkelkindern – zu verbringen und ist gern in der Natur, um Energie zu tanken. Sie reitet mit Leidenschaft. Gerne geht sie auch mit ihrem Hund spazieren.

„Nichts bleibt, wie es war. Ich habe den Tsunami überlebt" ist Walchs erstes Buch und das Schreiben war ein wichtiger Teil im Prozess ihrer Trauma-Bewältigung. Sie zeichnet darin ihren Leidensweg nach und erzählt von ihrer Überlebensschuld.

Die Autorin lebt nach etlichen Jahren in der Schweiz nun seit längerem mit ihrem Mann und ihren Tieren in Liechtenstein.

Der Verlag

„ *Wer aufhört besser zu werden, hat aufgehört gut zu sein!*

Basierend auf diesem Motto ist es dem novum Verlag ein Anliegen neue Manuskripte aufzuspüren, zu veröffentlichen und deren Autoren langfristig zu fördern. Mittlerweile gilt der 1997 gegründete und mehrfach prämierte Verlag als Spezialist für Neuautoren in Deutschland, Österreich und der Schweiz.

Für jedes neue Manuskript wird innerhalb weniger Wochen eine kostenfreie, unverbindliche Lektorats-Prüfung erstellt.

Weitere Informationen zum Verlag und seinen Büchern finden Sie im Internet unter:

w w w . n o v u m v e r l a g . c o m